Coleção - Exercícios de Leitura, Interpretação e Comunicação
volume 2

A Leitura como Ofício

Irene Scótolo (Org.)
Ana Paula Saab de Brito & Barbara Heller
José Marinho do Nascimento
Juarez Donizete Ambires
Clarice Assalim
Diva Valente Rebelo
Luzia Machado Ribeiro de Noronha
Kátia Aparecida Cruzes
Noemia Rodrigues Rezende

São Paulo, 2008

A LEITURA COMO OFÍCIO (volume 2)

Autores
Irene Scótolo (Org.)
Ana Paula Saab de Brito & Barbara Heller
José Marinho do Nascimento
Juarez Donizete Ambires
Clarice Assalim
Diva Valente Rebelo
Luzia Machado Ribeiro de Noronha
Kátia Aparecida Cruzes
Noemia Rodrigues Rezende

Conselho Editorial
Carlota J. M. Cardozo dos Reis Boto
Célia Maria Benedicto Giglio
Daniel Revah
João Cardoso Palma Filho
Luiza Helena da Silva Christov

Coordenação Editorial
Silvana Pereira de Oliveira

Capa
Cauê Porto

Projeto Gráfico
Flávio Leal

Diagramação
Feco Porto

Impressão
Imprensa da Fé

Revisão
Lucas de Sena Lima

Dados Internacionais de Catalogação na Publicação (CIP)
(Câmara Brasileira do Livro, SP, Brasil)

A Leitura como ofício / Irene Scótolo, (org.). --
São Paulo : Porto de Idéias, 2008. -- (Coleção
exercícios de leitura, interpretação e
comunicação ; v. 2)

Vários autores.
Bibliografia.
ISBN 978-85-60434-45-9

1. Análise do discurso 2. Comunicação
3. Crítica de texto 4. Leitura 5. Linguística
6. Semiótica 7. Textos I. Scótolo, Irene.
II. Série.

08-11599   CDD-401.41

Índices para catálogo sistemático:
1. Comunicação nos textos : Semiótica :
   Linguística 401.41
2. Textos : Comunicação : Semiótica : Linguística
   401.41
3. Textos : Leitura : Semiótica : Linguística
   401.41
4. Textos : Produção : Semiótica : Linguística
   401.41

Todos os direitos reservados à
EDITORA PORTO DE IDÉIAS LTDA.
Rua Pirapora, 287 – Vila Mariana
São Paulo – SP – 04008.060
(11) 3884-5024
portodeideias@portodeideias.com.br
www.portodeideias.com.br

SUMÁRIO

Apresentação 05

Prefácio 11

O discurso midiático: a articulação entre representações e
produção de sentidos 13
Irene Scótolo

O mito da imparcialidade no gênero jornalístico:
Bakthin e a mídia impressa 35
Ana Paula Saab de Brito & Barbara Heller

O texto literário e os códigos orientadores da leitura 49
José Marinho do Nascimento

Paulistas, índios administrados e Jesuítas na América Portuguesa
de fins do século XVII 69
Juarez Donizete Ambires

Os termos náuticos e sua influência nórdica 91
Clarice Assalim

O fascínio das janelas 103
Diva Valente Rebelo

Clarice: uma poética de digressões 115
Luzia Machado Ribeiro de Noronha

De medicamine faciei femineae: a poesia a serviço da beleza
feminina através dos tempos 133
Kátia Aparecida Cruzes

A educação pelo avesso: crise na família e na escola 145
Noemia Rodrigues Rezende

APRESENTAÇÃO

Irene Scótolo[1]
(Organizadora)

Ao analisar o papel da mídia na produção e circulação de sentidos, o artigo de Irene Scótolo ressalta como os meios de comunicação em massa determinam transformações nas práticas sociais. A percepção de que os meios de comunicação constroem e reforçam discursivamente valores sociais e culturais está esboçada nas páginas de *O discurso midiático: a articulação entre representações e produção de sentidos*.

A mídia tem o poder de promover os interesses da classe dominante por meio de "formas simbólicas", representações que são moldadas em narrativas, gêneros e discursos. Essas formas simbólicas produzem significados e efeitos reais sobre a conduta dos sujeitos, regulando e organizando suas práticas. Entretanto, esses significados são produzidos na história e de acordo com determinado contexto histórico e ideológico. É possível pensar essa produção como incompleta e passível de deslocamentos. Essa é a perspectiva adotada por Irene Scótolo para este artigo, que se insere no interior da área de estudos denominada Análise do Discurso de Linha Francesa.

Adotar o ponto de vista da Análise de Discurso significa examinar não somente como a linguagem e a representação produzem significados, mas, também, como um conhecimento produzido por um determinado discurso está articulado a sistemas de poder que regulam nossa conduta, como ele nos constitui em sujeitos e de que maneira define o modo pelo qual determinadas coisas devem ser representadas.

É por meio da análise do diálogo entre os enunciados que este movimento de produção, circulação e negociação de sentidos pode ser entendido.

Foucault nos ensina que:

> o enunciado, ao mesmo tempo em que surge em sua materialidade, aparece com um status, entra em redes, se coloca em campos de utilização, se oferece a transferências e a modificações possíveis, se integra a operações e em estratégias onde sua identidade se mantém ou se apaga. Assim, ele circula, serve, se esquiva, permite ou impede a realização de um desejo, é dócil ou rebelde a interesses, entra na ordem das constelações e das lutas, torna-se tema de apropriação ou de rivalidade. (FOUCAULT, 1986, p. 121)[2]

Analisando as palavras de Foucault a respeito da circulação e da apropriação dos enunciados, talvez possamos entender quais os procedimentos, quais são os mecanismos utilizados pela imprensa para transformar um objeto simbólico, como o discurso jornalístico, em um dispositivo regulador das práticas sociais e ainda lhe atribuir estatuto de "verdade".

---
1 Mestre em Língua Inglesa e Literaturas Inglesa e Norte-Americana (USP). Professora de Língua Inglesa, no Centro Universitário Fundação Santo André (CUFSA). Professora de Metodologia da Pesquisa Científica, nos cursos de Lato Sensu (CUFSA).
2 FOUCUALT, Michel. *Arqueologia do Saber*. Rio de Janeiro: Forense Universitária, 1986.

O discurso jornalístico faz uso de vários recursos argumentativos para convencer o leitor de que sua versão contempla a verdade dos fatos. Há quem defenda a ideia de que há total objetividade nesse tipo de comunicação. Por outro lado, há também quem defenda a ideia de que o discurso jornalístico é, apesar da tentativa de homogeneização, um discurso persuasivo e constitutivamente heterogêneo.

O sentido de objetividade da linguagem é resultante de duas importantes concepções sustentadas pela Linguística: a de sujeito autônomo, origem e controlador de seu dizer, e a de discurso homogêneo e transparente. Os estudos bakthtinianos fazem uma crítica a essa concepção monológica da linguagem, contrapondo a esta visão à noção de que o sujeito está indissoluvelmente ligado a um outro que o constitui. Quanto às palavras, essas "são tecidas a partir de uma multidão de fios ideológicos e servem de trama a todas as relações sociais em todos os domínios. É portanto claro que a palavra será sempre o indicador mais sensível de todas as transformações sociais" (BAKHTIN, 1988, p.41)[3].

Sabedoras de que a noção de sujeito e de discurso postuladas pela Linguística Moderna não compactua com a noção proposta pelos precursores da pragmática, Ana Paula Saab de Brito e Barbara Heller discutem a imparcialidade e a neutralidade do discurso jornalístico no artigo *O mito da imparcialidade no gênero jornalístico: Bakhtin e a mídia impressa.* Para as autoras, o discurso jornalístico apresenta um conflito entre a homogeneização e a dispersão tanto do texto quanto do sujeito. Defendem que a visão de objetividade é falaciosa e que a homogeneização discursiva é apenas aparente. Para dar conta dessa discussão, as autoras sustentam suas afirmações no conceito de *dialogismo* proposto por Mikhail Bakhtin.

Questões ligadas ao conceito de dialogismo e da relação da língua com a exterioridade também estão presentes no artigo de José Marinho do Nascimento. Em *O texto literário e os códigos orientadores da leitura,* José Marinho explora questões que envolvem leitura e interpretação de texto, mas com um recorte bem específico: os elementos textuais e paratextuais que são orientadores de um percurso de leitura. Ao chamar a atenção para o modo como alguns textos mantêm uma relação com o seu exterior, o autor deixa claras as suas inquietações quanto à questão da formação dos sentidos. Do processo de leitura e interpretação de um texto literário fazem parte o *escrito e o inscrito,* afirma o autor.

A relação da linguagem com a exterioridade, assim como os efeitos de sentido resultantes dessa relação, são abordados pelo autor, a partir do conceito de heterogeneidade mostrada, teorizado por Authier-Revuz. De acordo com essa perspectiva, o sujeito discursivo é dividido e descentrado. No entanto, necessita da ilusão de ser uno, centro e controlador de seu dizer – o que só é conseguido por meio da materialidade linguística. Através das palavras, o sujeito esforça-se por designar um outro, localizado, para acomodar o estatuto do uno. Baseado nesse pressuposto, José Marinho faz um alerta quanto à possibilidade de fragmentação dos textos. Do seu ponto de vista, ao se proceder desta maneira, corre-se o risco de perder o fio dialógico norteador do sentido.

---

3 BAKHTIN, Mikhail (Volochinov). Marxismo e Filosofia da Linguagem 8ªed. São Paulo: Hucitec, 1988. Publicação original, 1929.

Reflexões sobre o estatuto de escritor e de autor também aparecem. José Marinho joga luz à discussão quanto ao estatuto de "autor-pessoa", o estatuto de "autor-criador" e o estatuto de "narrador-personagem" com reguladores da leitura de um texto.

O texto de Juarez Donizete Ambires – ***Paulistas, índios administrados e Jesuítas na América Portuguesa de fins do século XVII*** – nos guia em uma viagem peculiar ao século XVII. Ao revisitar a história da América Portuguesa, ressalta as transformações de práticas sociais da época determinadas pelos constantes embates pela posse dos índios, por meio do enfoque de três eixos que se tocam e se confrontam nesse movimento político: a reivindicação do colonato do sul de administração direta dos índios, o trabalho missionário da Companhia de Jesus e Padre Antonio Vieira e seus sermões.

Em fins do século XVII, paulistas mercantilizados se unem na defesa de um interesse comum. A câmara da Vila de São Paulo os representa. Em verdade, os membros dela são os validos da localidade, todos, entretanto, representação do segmento mais rico. O destino e o controle da mão-de-obra índia seria, no caso, a grande preocupação. À época, pedido de administração direta da força de trabalho silvícola é encaminhado à coroa. As famílias piratininganas mais abastadas querem legalmente este controle. Ala da Companhia de Jesus se insurge contra o pedido. Lidera-a Antônio Vieira. Em dissidência, outro grupo inaciano sai em apoio aos paulistas e sua reivindicação.

Uma série de representações discursivas permeia todo esse movimento político-cultural. Da acirrada animosidade entre paulistas e jesuítas, nasce a "Lenda Negra", episódio que descreve o momento em que os jesuítas se ocupam em representar o colono como herege, híbrido de fera e gente.

Esse momento histórico, brilhantemente descrito por Juarez Ambires, reafirma a concepção de que é o sujeito social que faz uso dos sistemas conceitual e linguístico e dos sistemas de representação para dar significado às ações dos seres humanos e permitir que eles interpretem significativamente as ações do outro.

Cultura e história também estão contempladas em ***Os termos náuticos e sua influência nórdica.***

Clarice Assalim debruça-se sobre a Terminologia, demonstrando que muitos termos utilizados na nossa língua são provenientes do contato ocorrido entre as expedições vindas da Normandia e os marinheiros lusitanos.

Clarice nos apresenta uma análise a respeito do modo como do encontro de diferentes culturas e de diferentes histórias, as línguas vão se aglutinando e se ampliando, de modo a refletir em suas estruturas as suas origens históricas. Segundo a autora, muitos termos utilizados pela Marinha são de origem escandinava, caso da palavra *Bordo*, originária da forma nórdica *bordhi* (margem).

É no campo da literatura francesa que se insere ***O fascínio das janelas***, título do artigo de Diva Valente Rebelo.

Partindo da observação de como as janelas são retratadas nas artes, especialmente na arquitetura medieval, no período romântico, a proposta da autora é a de promover a correspondência entre as janelas da Idade Média e o fascínio das janelas, na obra de Mallarmé, poeta francês cuja poesia e prosa se caracterizam pela musicalidade e pensamento repleto de alusões. Mallarmé fazia uso dos símbolos para expressar a verdade através da sugestão.

Sentindo-se atraída pelo fascínio das janelas na obra de Mallarmé (1842 – 1898), *Poésies*, publicada um ano após a sua morte, na edição *Deman*, Diva Valente Rebelo se propõe a analisar a metáfora das janelas.

Tendo como base a nomenclatura medieval: janelas abertas, fechadas ou cegas ("fenêtres closes") e de voamento, a autora tenta adaptar a cada tipo de janelas proposto, poemas de Mallarmé que, segundo a temática, aí se enquadram.

Segundo a autora, é em "Les Fenêtres", poema que compõe a obra *Poésies*, que se pode verificar a dialética dos dois mundos do "poeta das janelas": o mundo "d'ici-bas" e de "là-bas" e a obsessão incessante e inatingível do Azul ("l'Azur"), em constante luta com a página em branco e com a busca da perfeição.

O texto de Luzia Machado Ribeiro de Noronha também focaliza a literatura, tendo por objetivo de estudo a análise da escrita de Clarice Lispector, extraordinária escritora que, ao mesmo tempo em que ousava revelar-se em seus escritos, admitia ser um mistério até para si mesma.

Em seu artigo **Clarice: uma poética de digressões**, Luzia Machado afirma que "o estilo de Clarice é construído no polo metafórico da linguagem. Seus contrastes e símiles trazem, ao texto, imagética muito própria e a complexidade, fatores que rejeitam a fácil recepção".

Uma das constatações presentes no artigo é a de que a escritura de Clarice Lispector "se ressente do domínio do enunciado puramente ligado à exploração do vocábulo e se entretém na enunciação, em que, muitas vezes, a descrição da interioridade do ser parece suceder-se quase ao mesmo tempo em que é sentida. Frequentemente parece também ressentir-se da fábula, inserida no tom do improviso, na anotação imediata, nas digressões", como afirma a autora.

Mobilizando o conceito de "digressão", a escritora e poeta Luzia Machado Ribeiro de Noronha investiga como esse desvio, esse recurso escritural ocorre no texto clariceano e de que maneira conduz o leitor "à instância mais luminosa e dionisíaca dessa escritura".

A presença da prática digressiva na produção literária de Clarice Lispector revela a natureza dialógica e intertextual de sua criação literária.

Com foco também na literatura, mais especificamente na poesia, o artigo de Kátia Aparecida Cruzes parte da premissa de que os efeitos do tempo sobre o ser humano sempre representaram grande preocupação para a espécie humana, que buscou e continua buscando, segundo a autora, soluções que possam retardar o envelhecimento.

Em seu artigo *"De medicamine faciei femineae: a poesia a serviço da beleza feminina através dos tempos"*, a autora revela que os cem versos do poema *De medicamine faciei femineae*, de Ovídio, oferecem ao leitor uma amostra das preocupações que existiam nos palácios augusteanos, sinal da evidente decadência que se implanta, lentamente, num período em que nada mais parece faltar às pessoas. O enaltecimento dos valores caros ao povo romano, presentes, por exemplo, na *Eneida*, de Virgílio, parecem não agradar os gostos de um povo, cujo olhar, agora, volta-se aos cuidados e às preocupações com seu próprio mundo pessoal.

No decorrer do artigo, a autora faz uma análise dos significados e usos dos termos "*medicamine*" e "*facieis*" com o intuito de demonstrar a aproximação dos mesmos à ideia de receitas cosméticas para tratamento da beleza.

Noemia Rodrigues Rezende aborda a questão da educação em ***A educação pelo avesso: crise na família e na escola***, tendo por objetivo de estudo a crise na autoridade, que se instaurou na nossa sociedade, a partir da globalização e do desenvolvimento das novas tecnologias de comunicação.

A autora mostra como o mau comportamento das nossas crianças e dos nossos jovens desequilibra e ameaça o poder já há muito legitimado à família e à escola. Defendendo a ideia de que, na atualidade, as mudanças nas novas práticas sociais contribuem para reforçar a falta de respeito dos jovens para com os adultos, além de lhes emprestar uma imagem de cidadãos independentes, a autora faz considerações sobre as possíveis consequências dessa crise e sobre a necessidade de se buscar soluções para essa questão. Noêmia parte de um apanhado histórico acerca de como as mudanças na sociedade vêm influenciando a conduta das pessoas, para, então, estabelecer relações entre a crise da modernidade e as instituições família, escola e igreja.

Ao se perguntar sobre o tipo de identidade que vem sendo construído para os nossos educandos, a autora problematiza essa questão e abre espaço para a seguinte discussão: será que o nosso sistema educacional está preparado para atender às exigências dessa nova geração?

PREFÁCIO

A palavra escrita é como um bando de pássaros selvagens que a tinta aprisiona ao papel para que a luz dos olhos lhes possa libertar e fazer voar.

Rubem Alves[1]

Ao me propor à produção deste prefácio me vi envolta por uma série de questionamentos e de pensamentos que me levaram a um exercício de reflexão e de desconstrução acerca das escolhas que fazemos na vida. De repente, me dei conta de que, ao mesmo tempo em que olhava atentamente para o título do primeiro livro desta coleção - A Leitura como Ofício –, assim como quem busca alguma inspiração, estava também repensando a minha trajetória profissional. Pensei no processo de começar e recomeçar, de encontrar e transformar, pelo qual passamos, e a partir do qual nos tornamos o que somos.

O que faz com que as pessoas escolham uma certa profissão e não outra? Por que se dedicam a determinado ofício? Passei, então, a pensar na palavra ofício: De onde vem? O que representa? Como nos representa?

Derivada do latim *officiu*, a palavra ofício significa dever, cumprir uma determinada obrigação a partir de um ritual determinado. Analisando a partir da perspectiva semântica, a palavra "**ofício**" nos remete a trabalho, à ocupação que, por sua vez, implica uma ação de caráter permanente, da qual sobrevivemos, retiramos nosso "ganha-pão" e pela qual somos reconhecidos pela sociedade em que vivemos. Mas qual o sentido desse ofício na atual sociedade do conhecimento? Já no volume 1 desta coleção, dissemos que *os sentidos não são dados a priori*, mas construídos a partir de representações, valores culturais e sociais, das diversas interpretações e das relações entre sujeitos.

A palavra representa, ainda, a existência de algo em comum entre sujeitos que partilham de um mesmo grupo de conhecimento e de habilidades e que são capazes de reproduzir esse saber a partir do mesmo ritual, ou seja, é um "saber-fazer" comum a um determinado grupo de pessoas.

Segundo Arroyo (2000)[2], o termo remete à artífice, a um fazer específico, a uma qualificação profissional repleta de segredos, saberes e arte.

Para exercer um ofício faz-se necessário o domínio dos processos que lhes são inerentes e a capacidade de executar um objeto de modo a se obter o resultado esperado. É necessário, também, um lugar onde se encontram as ferramentas necessárias para a execução de uma determinada tarefa e a matéria-prima a ser utilizada. A este lugar dá-se o nome de oficina, na qual podem ser produzidos tanto objetos materiais quanto ideias. É nesse lugar que ocorre a comunhão do "saber" e do "fazer". Na visão de Souza Neto

---

1 ALVES, R. *O poeta. O guerreiro. O profeta.* 2. ed. Petrópolis: Vozes, 1992.
2 ARROYO, M. G. *Ofício de Mestre:* imagens e auto-imagens. Petrópolis: Vozes, 2000.

(2005)[3], é na oficina que se estabelece "uma identidade entre os indivíduos e os objetos que estes manipulam, as ferramentas que manuseiam, os processos com os quais interagem. E ainda mais, cria-se uma identidade entre os indivíduos que são parceiros de rituais comuns, realizadores de um dado ofício e situados no ambiente da mesma oficina".

Pensei nos mestres desse nosso ofício e como suas inquietações são tão parecidas. Como sabemos que aprendemos tal ofício? Como sabemos que nos tornamos artífices? A resposta está no exercício do ofício. É mediante o ato de ler que o aprendemos. Refletir sobre o lugar social destinado a esse ofício e em que contexto histórico ele se realiza é o nosso papel social. Nossa matéria-prima é a palavra. Temos como tarefa dar forma ao pensamento por meio da linguagem, usar a palavra como expressão de nossa visão de mundo.

Se pensarmos no modo de constituição de um ofício, entendido como trabalho, diremos que um ofício se aprende ao longo dos anos, dentro da escola, a partir de conteúdos diversificados e voltados para a nossa formação profissional. Entretanto, tal aprendizado não é proveniente única e exclusivamente da escola. Dele também fazem parte nossas experiências pessoais, resultantes da interação com outros atores sociais. Decorre daí um conhecimento e um "saber-fazer" que tanto pode ser aprendido quanto ensinado.

No nosso modo de pensar, não basta ter um ofício. É preciso ter competência para colocá-lo em prática, o que nos impõe certos desafios, como estarmos sempre dispostos a aprender a aprender, nos organizarmos, dar um sentido a este ofício, de modo a torná-lo prazeroso, dinâmico, um movimento dialético entre o fazer e o pensar sobre o fazer. Por outro lado, entendemos que não se pode ser escritor sem ser leitor. Como escreveu Sartre "a operação de escrever implica a de ler... e esses dois atos conexos necessitam de dois agentes distintos. É o esforço conjugado do autor com o leitor que fará surgir esse objeto concreto e imaginário que é a obra do espírito".

Ter a leitura como ofício é uma forma de tornar um determinado saber cada vez mais qualificado e, ao mesmo tempo, nos proporcionar dupla satisfação: a de adquirir conhecimento por meio de várias leituras (o saber) e a de transmitir o que aprendemos por meio de nossos artigos (o saber-fazer).

Ter a leitura como ofício é também desvendar os segredos das palavras, sua origem, sua história, a qual está diretamente ligada à história do homem. Sabemos que a palavra "ler" tem sua origem em "legere", termo latino que significa "colher frutos". A raiz da palavra ofício está em *ophicium*, termo agrícola para "cuidar da terra".

Este livro é a reposta para os meus questionamentos, é o resultado de minhas escolhas. Termino este prefácio com uma certeza: a de que eu e todos os outros artífices que participaram desta produção cultivamos o que queremos que germine: a leitura.

---

3 SOUZA NETO, M.F. *Reflexões sobre o lugar social do professor.* Cad. Cedes, Campinas, vol. 25, n. 66, p. 249-259, maio/ago. 2005.

O discurso midiático: a articulação entre representações e produção de sentidos

Irene Scótolo

> *Media culture, as well as political discourses, helps establish the hegemony of specific political groups and projects. Media culture produces representations that attempt to induce consent to certain political positions, getting members of the society to see specific ideologies as " the way things are". Popular texts naturalize these positions and thus help mobilize consent to hegemonic political positions.*
>
> *Kellner (1995:59)*[1]

Introdução

Com as modernas tecnologias e os mais avançados meios de comunicação a que estamos expostos todos os dias através das diferentes mídias, a todo momento entramos em contato com diversas formas de aquisição de informação. Internet, televisão, rádio, revistas, jornais, fazem parte de nossa vida privada e pública. Estão dentro de nossas casas e em contato conosco em todos os momentos. O que ouvimos e lemos através da mídia exerce um papel relevante no convívio social, já que comentamos, avaliamos e reproduzimos informações. As diversas linguagens, discursos e ferramentas utilizadas pela mídia em geral permeiam nossas vidas, disseminando valores sociais e culturais.

Inevitavelmente, devido a sua penetração, o discurso da mídia e as representações por ela disseminadas são capazes de exercer uma grande influência sobre a sociedade como um todo. A força da mídia sobre o sujeito é tão grande que, de acordo com Ballaster (1991), seu discurso é capaz de reforçar valores e padrões sociais, assim como produzir determinados efeitos de sentido em seus leitores. O efeito de objetividade e de verdade são os mais comuns.

Levando em conta o acima exposto, propusemo-nos como objeto de discussão, o modo como a mídia produz efeitos através das representações e, também, como essas representações são responsáveis pela manutenção, reprodução ou transformação de práticas sociais.

Ao organizarmos essa discussão, procuramos nos amparar nas concepções propostas pela Análise de Discurso de Linha Francesa (AD), a qual tem como um de seus objetivos teorizar sobre a interpretação. Para a AD, cuja teoria visa à compreensão de como um objeto simbólico produz sentidos assim como à compreensão do funcionamento das interpretações, "não há discurso que não se relacione com outro, que não aponte para outro que o sustenta e para dizeres futuros. Em outras palavras, um dizer tem relação com outros dizeres realizados, imaginados ou possíveis" (ORLANDI, 1999, P.39).

---

1 In KELLNER, D. *Media Culture: Cultural studies, identity and politics between the modern and the postmodern*, 1995.

Para que possamos analisar esse acontecimento, é necessário, em primeiro lugar, atentarmos para o conceito de representação, já que é a partir dele que desenvolvemos nossa discussão. Sempre analisadas dentro da perspectiva da Análise do Discurso de Linha Francesa, as representações servem-nos de instrumento para caracterizarmos os efeitos de sentido produzidos a partir delas.

Em segundo lugar, é necessária a compreensão de como as representações circulam na mídia e de como os significados, produzidos por essas representações, continuam se (re)produzindo, ocasionando mudanças que interferem nos processos de constituição dos sentidos e dos sujeitos.

Em sua obra *Media, Communication, Culture: a global approach*, Lull (2000, p.160) utiliza a expressão "poder simbólico" ao tratar do poder da mídia em promover os interesses das elites por meio de "formas simbólicas". Segundo ele, as formas simbólicas não surgem ao acaso, nem isoladamente. Elas constituem códigos que requerem algum conhecimento dos participantes do processo de comunicação, além de promoverem algumas interpretações em detrimento de outras. Assim como na perspectiva da AD, o autor acredita na incompletude dos significados das formas simbólicas, ao afirmar que "embora os significados das formas simbólicas nunca possam ser completamente fixados, eles refletem certos temas sociais, culturais e ideológicos e ideias preconcebidas" (LULL, 2000, p. 161). Para o autor, as formas simbólicas são moldadas em narrativas, gêneros e discursos, pelos meios de comunicação de massa e pelas audiências.

Para compreendermos como os discursos provocam determinados efeitos de sentido e não outros, é preciso identificar a quais formações ideológicas estão relacionados. Para tanto, apresentaremos alguns estudos sobre como as representações operam no sistema social e como a mídia interage com a audiência.

Representação: uma prática geradora de significados

Sabemos que a linguagem é o meio pelo qual os significados são produzidos e representados numa determinada cultura. Assim, a linguagem ou "linguagens", como sugere Hall (1997a), é fundamental no processo de produção de significados, pois é um sistema de representação que utiliza elementos que funcionam como símbolos portadores dos significados que queremos transmitir.

Falar em cultura é abrir um leque de possibilidades discursivas que fogem aos objetivos deste trabalho. Porém, julgamos pertinente trazer algumas definições necessárias para a compreensão da articulação entre cultura, representação e práticas sociais.

Tradicionalmente, cultura diz respeito ao conjunto de ideias que estão representadas nas mais variadas práticas sociais. No entanto, Hall (*op.cit.*, p. 2) afirma que, recentemente, há uma tendência de se enfatizar a importância do significado na definição de cultura.

Segundo o autor, cultura não é tão somente um conjunto de coisas, mas deve ser entendida como "um processo, um conjunto de *práticas*" que depende de seus participantes interpretarem significativamente o que está acontecendo à sua volta. De acordo com esta perspectiva, os "significados culturais produzem efeitos reais sobre nossa conduta, pois são eles que regulam e organizam as práticas sociais" (HALL, 1997a, p. 3).[2]

Silva (1999:131), que entende o conhecimento como um campo cultural, afirma que

> [...] a cultura é um campo de produção de significados no qual os diferentes grupos sociais, situados em posições diferenciais de poder, lutam pela imposição de seus significados à sociedade mais ampla. A cultura é, nessa concepção, um campo contestado de significação. O que está centralmente envolvido nesse jogo é a definição da identidade cultural e social dos diferentes grupos. A cultura é um campo onde se define não apenas a forma que o mundo deve ter, mas também a forma como as pessoas e os grupos devem ser.

Resulta dessas duas concepções a noção de que cultura e representação estão inevitavelmente interligadas pela linguagem. Em outros termos, a representação é uma prática que envolve o uso de signos, de linguagens que representam o mundo significativamente para o outro.

Hall entende a representação como um processo que encadeia a relação entre três elementos: coisas, conceitos e signos. De acordo com o autor, no processo de produção de significados, dois sistemas de representação se relacionam: o primeiro é aquele que nos permite significar o mundo por meio da construção de uma cadeia de equivalências entre coisas (pessoas, ideias, etc.) e o nosso "mapa conceitual"[3]; o segundo depende da construção de um conjunto de correspondências entre nosso mapa conceitual e um conjunto de signos organizados em várias linguagens que representam aqueles conceitos.

Podemos dizer, então, juntamente com Hall, que a representação é um processo complexo que interliga sistemas de representação.

Adepto da abordagem construtivista, segundo a qual a linguagem possui um caráter social, Hall propõe uma relação complexa e mediada entre as coisas do mundo, nossos conceitos mentais e a linguagem.

---

2 Todas as citações que aparecem em português foram traduzidas pela autora.
3 Mapa conceitual diz respeito a uma coleção de conceitos organizados, arrumados e classificados em uma relação complexa uns com os outros (HALL, 1997a, p.18).

Segundo essa visão, não é o mundo material que atribui significados, é o social. Os significados dependem da função simbólica do signo. Tudo o que funciona como signo trabalha simbolicamente, ou seja, representa conceitos.

Hall afirma que

> os signos só produzem significados se nós possuirmos códigos que nos permitam traduzir nossos conceitos em linguagem e vice-versa, porém esses códigos não existem na natureza, mas são o resultado de convenções sociais, fazem parte da cultura que aprendemos e internalizamos inconscientemente à medida que nos tornamos membros de nossa cultura (HALL, 1997a, p. 29).

Hall está se referindo às práticas simbólicas através das quais a linguagem e os significados operam. Assim sendo, o significado é produzido através das práticas de representação. É o sujeito social que faz uso dos sistemas conceitual e linguístico e outros sistemas de representação de sua cultura para produzir significados, para atribuir significado ao mundo.

Para os propósitos deste artigo, interessa-nos a perspectiva histórica que Hall atribui aos sentidos. Ele afirma que os significados são produzidos na história e na cultura e não podem ser fixados, pois estão sujeitos a mudanças.

Esse pensamento nos remete à questão da unicidade dos sentidos. De acordo com os pressupostos teóricos da AD, não há um sentido único, universal, mas existe a possibilidade de deslocamento. Hall não é um analista de discurso, e, sim, um estudioso da cultura. Porém, a sua visão de sentido incompleto, que se abre para a possibilidade de novos significados, se aproxima da AD.

Um outro aspecto de articulação entre as duas teorias diz respeito à interpretação como um processo ativo que demonstra, inevitavelmente, a imprecisão da linguagem. Neste sentido, a teoria de Hall, que tem como base a mudança cultural[4], complementa a AD.

De acordo com sua visão, o significado atribuído por nós nunca é exatamente o significado dado pelo outro. Assim, para que se diga algo significativo é preciso "entrar na linguagem", espaço onde todas as espécies de significados pré-existentes já estão armazenados. Para o autor, em toda interpretação há um deslizamento de significados, "uma margem – algo em excesso – onde outras associações são

---

4 Mudança cultural diz respeito à ênfase que tem sido dada pelos Estudos Culturais e pela Sociologia à importância do significado na definição de cultura. Para Hall (1997a), para que duas pessoas pertençam à mesma cultura é preciso que elas interpretem o mundo grosso modo da mesma maneira. Isto significa que a cultura depende de seus participantes interpretarem significativamente o que está acontecendo a sua volta e de atribuírem sentido ao mundo. Em outras palavras, o significado passou a ser entendido como algo a ser produzido socialmente. A cultura deixou de ser vista como um "reflexo do mundo depois do evento" para ser entendida como um "processo constitutivo dos sujeitos e dos eventos históricos" (HALL, 1997 a, p. 5/6).

acordadas para a vida", provocando, assim, um deslocamento naquilo que queremos dizer (HALL, 1997 a, p. 33).

Hall afirma que o sujeito interpretante, aquele que vai construir a interpretação desse sistema, desbanca o sujeito da sua posição de autonomia. Com a possibilidade de deslizamentos dos sentidos, o sujeito está impossibilitado de controlar os "excessos". As interpretações surgem em sua heterogeneidade. A interpretação faz surgirem os excessos de sentidos que ficam nas margens. Em outras palavras, o que significa para nós nunca é exatamente o significado que foi dado pelo outro.

Sabemos que toda manifestação de linguagem está relacionada aos sentidos e à interpretação, logo é passível de equívoco. Sabemos, também, que os sentidos deslizam, não são evidentes como parecem ser, havendo, sempre, um deslocamento de sentido em toda interpretação. Isto faz com que uma mesma palavra possua significados diferentes de acordo com a posição assumida pelo sujeito e com "a inscrição do que diz em uma ou outra formação discursiva" (ORLANDI, 1999, p. 59).

Hall (1997b) afirma que os seres humanos são seres interpretativos. Para ele, a ação social é significativa tanto para aqueles que a executam quanto para os que a observam. Para ser significativa, a ação social depende dos diferentes sistemas de significação que os seres humanos desenvolvem para dar significado às coisas e para regular e organizar suas condutas entre si. Assim, a ação social não é significativa em si, mas depende desses sistemas. São eles que dão significado às ações dos seres humanos e permitem que eles interpretem significativamente as ações do outro. Hall esclarece que, "tomados como um todo, são eles que constituem nossa cultura e nos ajudam a assegurar que todas as ações sociais são culturais, que todas as práticas expressam um significado e que, nesse sentido, são práticas significativas" (HALL, 1997b, p. 208).

Isto equivale a dizer que "todas as fontes de influência social dependem de formas simbólicas para alavancar seu poder" (LULL, 2000, p.161). Ao analisarmos um processo de representação, o importante não é analisarmos como as "coisas" são produzidas e usadas em um determinado contexto, mas analisá-las em termos do que elas estão tentando dizer, que mensagens sobre a cultura estão comunicando. Devemos analisar o significado, não pela interpretação de seu conteúdo, mas pelas regras e códigos "ocultos" por meio dos quais essas "coisas" ou práticas produzem significado; pela verificação de quais e em benefício de quem certas práticas estão sendo reforçadas.

Sob a perspectiva da AD, a representação produz sentidos nos discursos em contextos sócio-históricos e ideológicos. Por serem resultantes de convenções sociais, os signos não podem ser fixados. Por serem arbitrários, estão sujeitos à história. A partir dessa relação, a AD entende a representação como uma forma de atribuição de sentidos fortemente ligada às relações de poder.

Uma abordagem discursiva nos permite identificar quais os efeitos e consequências das representações. Analisar o papel dos discursos em nossa sociedade nos permite examinar não somente como a linguagem e a representação produzem significados, mas, também, como um conhecimento produzido por um determinado discurso está articulado a sistemas de poder que regulam nossa conduta, como ele nos constitui em sujeitos e de que maneira define o modo pelo qual determinadas coisas devem ser representadas.

Na visão de Lull (2000), a lista de agentes sociais de poder que dependem das representações para intensificar ou fazer com que seus discursos sejam relevantes não exclui ninguém: todos "orquestram campanhas simbólicas para seus clientes. [...] até mesmo as forças militares". Todo esse poder simbólico "se conecta com e ativa os atenuados domínios da ideologia, da arte e da cultura" (*op.cit.*, p. 161).

Funcionando como um veículo ideológico de construção de conhecimento, a revista feminina, por exemplo, marca sua presença na arena de lutas pela imposição de significados aos diferentes grupos sociais.

Como analistas de discursos, cabe-nos reconhecer, na materialidade discursiva de seus textos, os vestígios dos processos de significação aí inscritos, com vistas à compreensão de quais representações estão sendo construídas e como elas regulam a conduta das leitoras.

Como afirma Hall e também a AD, essas representações estarão ligadas a outros significados já constituídos anteriormente a partir do interdiscurso – o que é fundamental para entendermos o processo de significação que possibilitou a circulação dessas representações.

Para tanto, é necessário tecermos uma discussão sobre o processo que envolve a formação das representações, partindo do processo de formação e circulação dos significados, o qual, segundo Lull (2000, p. 16) "funciona no ilimitado reino da imaginação humana".

O domínio das práticas de representação

O conhecimento de mundo, que surge representado nos discursos por meio das práticas de significação, produz uma ligação entre o saber e o poder.

Quando consumimos "coisas" culturais[5] e as incorporamos às nossas práticas cotidianas, estamos produzindo significados. Hall (1997a, p. 4) estende a questão da significação a todos os momentos ou práticas que fazem parte do nosso

---
5 Para Stuart Hall (1997a) "coisas" culturais dizem respeito às ideias que estão representadas na literatura, na música, nas publicações, nos valores de uma sociedade.

"circuito cultural"[6]. Para ele, essa problemática se faz presente na construção da identidade e da marcação da diferença entre os grupos, pois há produção e troca de significados em toda interação pessoal e social; na produção e no consumo, à medida que incorporamos artefatos culturais às nossas práticas diárias; assim como na forma de regularizar a conduta social, pois os significados ajudam a estabelecer regras e convenções pela quais a vida social é governada.

Na visão de Lull (2000), as representações significam coisas diferentes para pessoas diferentes, logo são polissêmicas; são também multissêmicas, já que podem assumir significados diferentes para as mesmas pessoas em momentos, lugares e situações diferentes e são combinatórias, pois podem ser sintetizadas, alteradas, recontextualizadas, divididas e somadas a outras formas. Para o autor, os significados nunca são evidentes por si sós. A construção de significado é processual e altamente subjetiva. O poder simbólico, assim, é exercido por quem transmite e por quem interpreta as mensagens em um campo relativamente aberto de significação (*op. cit.*, p. 162).

Concluímos, então, que os sentidos são produzidos em vários lugares diferentes e transmitidos através de diferentes práticas, em toda interação pessoal ou social da qual fazemos parte.

Por extensão, diríamos que os sentidos circulam e são produzidos nas/pelas diferentes mídias. Por exemplo, nas mídias de massa, através de modernas tecnologias que fazem os significados circularem internacionalmente em grande escala e com assombrosa rapidez (especialmente se pensarmos que temos acesso a textos do mundo inteiro via Internet).

A revista feminina, por exemplo, pode ser considerada uma mídia que trabalha a produção e o consumo de seus "textos" na tentativa de impor uma regularidade de conduta a um determinado grupo social – o das mulheres.

Pelo que acabamos de ver, o domínio da representação inclui todos os meios de produção e circulação de significados. Não se restringe, portanto, à linguagem escrita, mas a todas as formas de produção e transmissão de conhecimento. Nesse sentido, os significados são produzidos na e pela cultura.

Para circular efetivamente dentro da cultura, Hall (1997a, p. 10) afirma que o significado deve "entrar no domínio das práticas de representação". Para ele, o significado deve trilhar todo o circuito cultural (representação ↔ identidade ↔ produção ↔ consumo ↔ regras ↔ representação ...). Ou seja, o significado deve completar o círculo para ser recebido de forma clara na outra ponta da cadeia. Esse percurso faz com que o significado seja produzido no "espaço cultural compartilhado", isto é, em lugares diferentes.

---

6 Circuito cultural (circuit of culture) diz respeito aos diferentes lugares onde são produzidos os significados e à todas as práticas por onde esses significados circulam, produzindo, assim, um círculo vicioso formado por representação-identidade-produção-consumo-regras-representação. (cf. DU Gay, P et al (1997). *Doing Cultural Studies: the story of the Sony Walkman*, London, *Sage*/ The Open University *apud* Hall, 1997a.

Não podemos esquecer que esse "espaço cultural compartilhado", de que fala Hall, vem passando por uma enorme expansão e transformação nos últimos anos e que as instituições que regulavam e organizavam as atividades sociais nos séculos anteriores já não são entendidas da mesma maneira. Muitas até perderam seu domínio diante da revolução cultural ocorrida no último século, como a Igreja, por exemplo. Isto quer dizer que o circuito cultural, o qual engloba os meios de produção, circulação e troca de conhecimentos, tem aumentado consideravelmente suas fronteiras devido à revolução da informação e à globalização. A mídia, órgão hegemônico, formador de opinião pública, faz parte desse espaço cultural compartilhado.

Representação e mídia

Falar sobre mídia é percorrer um terreno fértil e perigoso devido à infinidade de recortes e abordagens possíveis. Entretanto, buscamos equacionar esta questão, de modo a apresentar, de forma breve e generalizada, alguns conceitos que nos servirão de sustentação.

A mídia tem sido vista como um dos mais significativos meios de produção, circulação e troca de informação dos últimos tempos. Seu discurso, considerado uma prática de significação, é algo que vem sendo pesquisado em termos das já reconhecidas mudanças sociais e culturais que ele provoca, assim como em termos de sua influência na constituição de identidades sociais.

No mundo globalizado em que vivemos, todo movimento mundial de troca de conhecimento, de informação, de interpretação dos acontecimentos mundiais passa necessariamente pelos discursos da mídia. Muitos estudiosos de diferentes campos do saber vêm se inquietando com os impasses provocados pelo grande fluxo dos meios de comunicação de massa, os grandes detentores do sistema informativo mundial. Entre eles estão Thompson (1997), Hall (1997), du Gay (1997), Fairclough (1989, 1992, 1995), Kellner (1995) e Lull (2000). Eles estão empenhados em nos informar sobre os processos de representação que relacionam linguagem, cultura e mídia e concordam com a noção de que a mídia faz circular representações através de signos e modelos consumistas que o mercado internacional dos grandes poderosos constrói, universaliza e impõe (ou nos persuade a aceitar). "As sociedades capitalistas industrializadas produzem mensagens mediadas pela mídia da mesma forma que produzem mercadorias", afirma Lull (2000, p. 188).

Na visão de Hall (1997b), são as indústrias culturais que, através da mídia, sustentam os circuitos globais de troca econômica nos quais o movimento mundial de informação, conhecimento, capital, investimento, produção de bens, comércio de matéria prima e o mercado de produtos e ideias dependem.

A importância dessa revolução cultural, de que falávamos há pouco, reside na sua dimensão global, no impacto que produz sobre as sociedades, no seu caráter democrático e popular. Segundo Hall (1997b, p. 210), houve uma redução na dimensão tempo e espaço, que introduziu mudanças na consciência popular, em função de um truncamento na velocidade de transmissão das informações, dos conhecimentos. Isto acarreta mudanças nas práticas sociais, na maneira como muitas operações são exercidas. Como exemplo, Hall cita a possibilidade de se ganhar ou se perder milhões de dólares em um minuto por conta desses "sistemas nervosos", como ele diz. Por meio desses sistemas, sociedades diferentes, com histórias diferentes, com modos de vida diferenciados e em estados de desenvolvimento desiguais podem ser alinhados. Ou seja, a mídia tem uma tendência a efeitos homogeneizantes.

É nesse sentido que a revolução cultural provocada pelas novas tecnologias produz um forte impacto na vida, na percepção de mundo e na maneira como as coisas fazem sentido para as pessoas. Em função do surgimento das indústrias da cultura, onde há a produção e venda de cultura popular, os agentes midiáticos "têm interesse na manutenção do sistema político-econômico-cultural" e, atualmente, formam "uma coletividade industrial e um modo de pensar ideológico com implicações mundiais" (LULL, 2000, p.191). Assim os setores políticos e econômicos utilizam as mídias para representar seus valores culturais globalmente. Na sociedade moderna, os meios de comunicação de massa são os veículos principais pelos quais ideias e imagens circulam.

Hall reafirma suas colocações a esse respeito ao dizer que

> [...] a nova mídia eletrônica não só permite a ampliação das relações sociais no tempo e no espaço, como também aprofunda essa interconexão global através do aniquilamento da distância entre as pessoas e os lugares, colocando-os em contato intenso e imediato uns com os outros em um perfeito 'presente' onde o que está acontecendo em algum lugar pode estar acontecendo onde estamos. Isto não significa que as pessoas não estejam mais situadas contextualmente no tempo e no espaço, mas significa que suas vidas não tem uma identidade 'objetiva' fora de sua relação com o global (HALL, 1997b, p.210).

Ele argumenta que as consequências da revolução cultural global não são tão uniformes nem tão fáceis de serem previstas, pois certamente há resistências. Segundo o autor, um traço característico desses processos de homogeneização é que eles são distribuídos desigualmente pelo mundo e que suas consequências são profundamente contraditórias, pois a cultura global "requer e prospera na diferença".

Não se pode negar que a mídia é um elemento que faz parte das mudanças histórias ocorridas no último século e que ajudou a modificar a forma como os sujeitos representam o mundo.

Esse impacto, causado pela mídia sobre as práticas sociais, não diz respeito unicamente ao modo como esta representa o mundo, mas também às identidades que ajuda a constituir e aos valores que pode cultivar e propagar. É através da representação, como forma de conhecimento ou de significação produzida em um determinado momento histórico, que nós representamos o outro e nos representamos como sujeitos. São elas que contribuem para a constituição das identidades.

Lembramos que, de acordo com os pressupostos da AD, essas identidades não são fixas, mas fragmentadas pelos discursos que as constituem. Isto nos remete à questão do poder, já que, segundo Silva (2000, p. 81), "identidade e diferença estão, pois, em estreita conexão com relações de poder". O autor acrescenta que "quem tem o poder de representar também tem o poder de definir e determinar as identidades" (*op.cit.*, p. 91).

A mídia é poderosa. Ela é considerada o quarto poder entre os poderes constitucionais, a saber: Estado, Igreja, Família e Mídia. Esse poder, estreitamente ligado ao saber, é muito significativo, já que influencia crenças, valores, identidades sociais e, principalmente, representa o mundo ou as coisas do mundo. Influencia, também, o conhecimento que se tem do outro de uma maneira muito particular. Dito de outra forma, esta é uma questão que diz respeito não somente aos tipos de linguagem de que a mídia faz uso, mas também à forma como as linguagens são utilizadas pela mídia, para promover alguns efeitos de sentido e não outros.

Um artefato cultural como a revista feminina, por exemplo, exerce um impacto sobre as práticas sociais através das representações que veicula; através da produção de identidades voltadas para o consumo.

Identidades sexuais, por exemplo, são representadas por esse tipo de mídia, através de textos e sistemas simbólicos que são produzidos e consumidos por sujeitos expostos a eles.

Do processo de representação faz parte um outro processo: o de regulamentação das representações, identidades, produção e consumo.

Os meios de comunicação social – dos quais as revistas femininas fazem parte – transportam conceitos, opiniões, notícias, em suma, representações, e as tornam acessíveis a milhões de indivíduos por conta da globalização e da rapidez das informações. Sem desconsiderarmos a utilidade inegável desses meios de comunicação, pois cada um tem a sua, convém salientarmos que eles atuam (cada um a sua maneira) sobre a consciência dos indivíduos. Em termos teóricos, cada um interpela os indivíduos em sujeito de um modo diferente.

Em sua grande maioria, os meios de comunicação social não atuam de forma isenta, neutra. Ao contrário, a mídia está atrelada a poderosos interesses econômicos, que lhe ditam os procedimentos, orientam sua finalidade, determinam posições e definem representações. Assim, a mídia guia-se por um objetivo maior, que é o lucro. Ela é tão poderosa que seus espaços são vendidos a altos preços. E quem pode pagar por eles, com certeza, quer garantir o retorno desejado.

Pelo acima exposto, poderíamos dizer então que, tendendo a apresentar apenas aquilo que no seu entender vale mais, a mídia acaba por projetar representações em particular.

Lembramos que, de acordo com Orlandi (1999, p. 43), "o sentido não está na essência das palavras, mas na discursividade, isto é, na maneira como, no discurso, a ideologia produz seus efeitos, materializando-se nele". Do ponto de vista discursivo, não se examina apenas como linguagem e representação produzem significados, mas como o conhecimento produzido por um determinado discurso está articulado às relações de poder; como esse discurso pode regrar a conduta social, constituir identidades ou até definir a maneira pela qual certas práticas devem ser representadas. Nessa perspectiva, a ênfase está sempre na historicidade, ou seja, em analisar como os significados ou representações se desenvolvem em um momento histórico particular, em uma situação dada.

No caso da mídia, cuja especificidade é informar, seu papel também é o de constituir sujeitos, pois ao informar, a mídia está simultaneamente representando, posicionando os sujeitos, estabelecendo identidades e estabelecendo relações.

De acordo com os estudos de Baudrillard (1968) e Fairclough (1997) em um momento histórico anterior ao nosso, a economia de uma sociedade girava em torno do produtor, contrariamente às sociedades modernas, que vivenciam um modo econômico no qual a força da economia não está mais na produção e sim no consumo. Com a democratização das práticas sociais e dos valores da cultura popular, ocorreram mudanças nas relações sociais.

Essas mudanças vão interferir na maneira como a mídia opera no sistema social, na maneira como ela contribui para a configuração do próprio sistema e no modo como ela está sendo moldada por ele. A mídia interage com o sistema social.

Fairclough (1995, p.12) afirma que "as tensões que afetam a mídia contemporânea são indicativas de uma tendência à conversacionalização[7] e à marquetização[8]". No relacionamento com as outras instituições sociais, a mídia estabelece uma relação entre a vida cotidiana e a família por um lado, e uma relação entre negócios e comércio por outro.

Essa interação é negociada através de textos e da audiência, através da sociedade e, de uma forma mais ampla, através da cultura, por meio de uma relação dialética. Os textos não são apenas moldados sócio-culturalmente, mas também moldam, constituem a sociedade e a cultura. Da mesma forma, as representações

---

[7] Um dos aspectos da *conversationalization* é o uso de um vocabulário mais coloquial ou o uso do presente do indicativo nas narrativas.
[8] *Marketization* diz respeito à mídia operando sob bases comerciais, construindo audiências consumidoras.

não são interpretadas uniformemente, nem os indivíduos estão aprisionados pela mídia, nem tampouco os efeitos da comunicação global e do consumo podem ser totalmente previsíveis. De acordo com essa perspectiva, os textos podem ser vistos tanto como transformadores quanto como reprodutores. Isto quer dizer que a mídia, ao mesmo tempo em que estrutura, é produto de uma sociedade massificada. Logo, não pode ignorar seus consumidores, já que esses detêm o poder de legitimá-la ou não, enquanto produtora e disseminadora de conhecimento ou informação. Se, por um lado, a mídia ajuda no processo de formação de sentidos, no processo que dissemina valores e representações, por outro, ela também depende do interesse de seu público. A mídia molda e é moldada por sua audiência.

Uma parcela significativa de seus textos é, na maior parte das vezes, consumida em contextos domésticos, em casa, na família, ou seja, na esfera privada. Porém, o tempo e o lugar de produção desses textos diferem do tempo e do lugar de consumo, uma vez que esses textos podem ser consumidos em diferentes lugares e momentos, não havendo uma comunicação direta entre os produtores e a audiência.

Com o surgimento de novas tecnologias, as propriedades espaciais e temporais dos meios de comunicação de massa não estão mais necessariamente unidas, nem mesmo no momento da produção. Assim sendo, um evento comunicativo[9], como diz Fairclough (1995), é formado por uma cadeia de eventos que faz a conexão entre a esfera pública (momento da produção) e a esfera privada (lugar do consumo).

Isto nos remete à questão da ideologia, pois o próprio evento comunicativo é uma prática social representativa de outras práticas sociais. Em função disto, ele está sujeito às pressões econômicas, políticas e culturais e, portanto, tem caráter ideológico.

Desta forma, ao analisarmos os discursos da mídia estaremos analisando, também, as representações presentes nos textos produzidos por um evento comunicativo sujeito às pressões do mercado econômico, capaz de produzir e reproduzir conteúdo ideológico.

Na visão de Lull (2000, p. 198), as instituições de mídia são, acima de tudo, instituições sociais formadas por seres humanos que se transformam, da mesma maneira que se transformam as atividades, as agendas e os membros de qualquer grupo social. Quaisquer que sejam as estruturas ideológicas articuladas pelas instituições sociais, essas não podem ser entendidas como estáticas, mas sim como invenções que se transformam. Desse modo, "a 'construção social da realidade' tem muito mais a ver com a natureza das instituições, incluindo as instituições de mídia, do que com a natureza dinâmica da vida diária de qualquer outro lugar" (LULL, 2000, p. 198).

---

9 Para Fairclough (1995), toda e qualquer instituição produtora de "textos" (escritos ou falados, sons, imagens) voltados para a comunicação de massa, é considerada um evento comunicativo.

Inferimos que, mesmo poderosa como é, a mídia não pode ser causa de ou explicação para tudo. Alguns comportamentos, como resistência às regras, desobediência aos padrões e transformações no estilo de vida, são escolhas feitas por indivíduos ou grupos de indivíduos, ou seja, pela audiência, em contextos determinados.

Na complexa relação entre ideologia, poder e mídia, a audiência exerce um papel fundamental no processo social de comunicação. Sabemos que mídia e audiência interagem, negociam. Até que ponto uma influencia a outra será o assunto do próximo item.

A mediação da audiência

De caráter tão amplo quanto a mídia, o termo audiência é de difícil definição. Nas primeiras pesquisas sobre mídia de massas, feitas por volta de 1930, a partir do surgimento do rádio, o termo audiência foi utilizado para denominar um grupo de receptores de mensagens ao final de um processo de transmissão de informações. De acordo com McQuail (1997, p.142)[10], atualmente esse conceito vem passando por algumas transformações que nos permitem pensar esse receptor "como mais ou menos ativo, resistente às influencias e guiado pelos seus próprios interesses, dependendo do contexto sócio-cultural".

Essas primeiras pesquisas revelaram uma preocupação muito grande dos sociólogos, psicólogos e cientistas políticos com os efeitos sociais da mídia sobre a audiência. Questões como persuasão das massas, difusão de informações, comportamento do consumidor e socialização eram os focos principais desses pesquisadores. Tal preocupação estava baseada na crença de que "as imagens simbólicas da mídia provocavam, quase que automaticamente, reações conformativas por parte da audiência" (LULL, 2000, p.98).

Tal crença fazia sentido - e ainda faz - em um contexto histórico no qual as mídias parecem arrebatar a atenção da audiência. Referimo-nos aos momentos históricos que presenciaram a chegada de mídias inovadoras, como o rádio, a televisão e, mais recentemente, o computador e a Internet.

A maior preocupação dos teóricos sociais nesses momentos recai sobre a questão do poder da mídia de persuadir a sociedade. Na abordagem dada por Lull, dois fatores estão imbricados nesse processo: o conteúdo da mídia e o comportamento das audiências.

---

10   McQuail, D. (1997). *Audience Analysis*. Thousand Oaks, CA: Sage, *apud* Lull, James (2000), Cap. 5, p. 97-127.

Esse modelo teórico, que analisava conteúdo e comportamento numa relação de causa-efeito, buscava medir quais os efeitos diretos da mídia sobre os indivíduos ou grupos de indivíduos e as consequências dessa influência. Na base da teoria dos "efeitos diretos", estava a necessidade de determinar qual o impacto da mídia sobre o comportamento humano em relação a outras influências ambientais. Essa teoria previa, portanto, uma mudança de comportamento por parte dos indivíduos e postulava que essa mudança era fruto ou resultado de uma atitude passiva em relação às forças persuasivas da mídia.

No entanto, os membros da audiência podem limitar os efeitos da mídia, mediando sua influência e participando ativamente do processo.

Na verdade, a influência da mídia depende de muitos fatores culturais, como já foi visto. Mas um fator muito importante é o fato de que as mídias são, elas próprias, "mediadas por uma variedade de relacionamentos sociais que servem para guiar, filtrar e interpretar a experiência da mídia" (McQUAIL, 1997, p. 8).[11] Essa mediação ocorre, evidentemente, de acordo com o contexto cultural (sóciopolítico e econômico) de cada momento histórico.

De acordo com essa visão (perspectiva dos efeitos limitados), a audiência não é uma vítima da influência da mídia. Ao contrário, qualquer que seja o efeito da mídia, este será mediado e, portanto, limitado pelo confronto significativo entre membros da audiência e a mídia. Na base dessa teoria está a premissa de que os efeitos da mídia não são absolutos, como acreditavam os primeiros pesquisadores.

Os seguidores dessa abordagem acreditam que a mídia exerça um poder positivo sobre a audiência, já que essa faz uso da mídia como uma forma de entretenimento, de interação com o grupo e de socialização.

Quando pensamos em audiência, o que nos vem à mente é sempre um sentido de coletivo, de um grande grupo de pessoas que têm algo em comum em relação a uma mídia em particular. Pensamos em um grupo grande e anônimo, enfim, uma massa.

Na verdade, a audiência é formada por uma série de grupos diferenciados, que pertencem a níveis sociais diferentes, com interesses específicos. Segundo Lull (2000, p.113), referir-se à audiência como uma massa significa "dividir o mundo entre elites e o resto de nós - as grandes massas". Essas, assim entendidas, transformam-se em estatísticas, que podem ser vendidas e compradas. Nesse sentido, a audiência adquire um caráter não-humano e passa a ser apenas uma estatística a serviço da publicidade, afirma o autor.

O sentido dado à audiência também tem sido associado ao termo "sociedade de massas",[12] em função da rápida industrialização e modernização das sociedades nos últimos séculos. Lull (2000, p.114) esclarece que nesse processo de expansão da vida social,

---

11 McQuail, D. (1997). *Audience Analysis*. Thousand Oaks, CA:Sage, *apud* Lull, J. (2000),Cap. 5, p. 97-127.
12 A expressão "sociedade de massas" está baseada, segundo Lull (2000, p.114) no modelo de organização social das sociedades capitalistas ocidentais do início do século XX.

> [...] as sociedades modernas foram criando não apenas meios de comunicação de massa, mas também produção industrial em massa, educação em massa, assistência médica, marketing, tudo em massa. E quem vive no meio de tal massificação? As massas, é claro. Onde elas vivem? Em uma sociedade de massa.

A partir daí, a mídia passou a ser observada, pela crítica social, como um possível e poderoso instrumento de "manipulação" e controle social. De acordo com essa visão, a audiência era considerada um alvo fácil para os anunciantes e para as campanhas políticas.

Para aqueles que associavam audiência à sociedade de massas, a preocupação com o conteúdo da mídia e com seus efeitos diretos (dependência, cultivo de crenças, estímulo à violência) era uma constante.

Hoje, sabe-se que a audiência é ativa, poderosa e agregada em grupos específicos pelas instituições produtoras de mídia. Essa prática de agregar os indivíduos, na visão de Webster e Phalen (1997)[13], ao invés de domá-los, amplifica suas vozes, autoriza-os a falar em nome da coletividade – o que é mais significativo do que a voz de um único membro – fazendo com que as instituições se obriguem a ouvi-los e a dar-lhes uma resposta.

Ainda segundo esses pesquisadores, as instituições de mídia devem agradecer às suas audiências por dois motivos: primeiro, porque se um produto não atrair o consumidor, ele não vende – o que causaria uma baixa nos lucros; em segundo lugar, porque as audiências coletivas escolhem o conteúdo que mais os atraem. Nesse sentido, se um determinado conteúdo não atrair a audiência, ele desaparece.

Isto demonstra a real capacidade dos indivíduos de se engajarem em "programas" de mídia, de interpretá-los, de assumir ou resistir às suas representações em função de seus interesses. No entanto, é bom ressaltarmos que a audiência não opera em regime de liberdade total. Ela está sujeita, como já vimos, a muitas influências ideológicas, políticas, econômicas e históricas.

O fato é que vivemos em uma realidade global em constante transformação, na qual os significados se deslocam com muita rapidez. "Significados, como gênero, classe social, orientação sexual, interagem de forma dinâmica com a linguagem, religião, família e mais uma ampla rede de hábitos e costumes", exemplifica Lull (2000, p.121).

Nesse cenário de transformações sociais, culturais e tecnológicas, que definiram o último século, as audiências estão sujeitas a uma grande variedade de mídias, de conteúdos, de valores culturais, de representações simbólicas disponíveis que podem ajudar a estruturar suas práticas.

13 Webster, J.G. and Phalen, P. (1997). *The Mass Audiences: Rediscovering the Dominant Model*. Mahwah, NJ: Lawrence Erlbaum, apud Lull, J. (2000), Cap. 5, p. 97-127.

Podemos dizer, então, que, na relação dinâmica estabelecida entre mídia e audiência, a atividade de ambas ocorre dentro dos limites de certas condições históricas.

Se pensarmos essa relação dentro da historicidade, poderemos deslocar o significado de mídia como algo total, único, para entendê-la como fragmentada e formada por vários segmentos. Quanto mais fragmentada, maior o número de segmentos, mais diversos os conteúdos, maior é a possibilidade de representações e mais diversificadas as opiniões da audiência.

Essa diversificação, historicamente comprovada, permitiu uma configuração adequada a cada grupo da audiência, ou seja, os grupos vão se limitando e se agregando de acordo com suas preferências, com suas escolhas e seus interesses.

No que diz respeito especificamente a este artigo, restrito a um segmento de mídia específico – as revistas femininas – e a uma audiência específica – as leitoras, não só o segmento de revistas femininas se fragmentou em diversos outros segmentos específicos, como também os modelos de representações foram aumentando e se transformando historicamente. Nesse sentido, tanto as instituições produtoras desses segmentos quanto os anunciantes se viram "obrigados a responder às inúmeras preferências de suas audiências provendo-lhes conteúdos que satisfizessem aos diversos interesses" (LULL, 2000, p.123).

Na visão de Lull, a explosão de representações simbólicas, a fragmentação da mídia e a divisão da audiência em nichos de mercado fazem com que a mídia dê às pessoas o que elas querem, promovendo, assim, uma espécie de "democracia de mercado dirigida ao consumidor" (*op. cit.*, p. 123).

Assim, os anunciantes e produtores de mídia são dependentes da habilidade de suas audiências em associar produtos a estilos de vida. Na busca pela identificação de grupos de audiências que possam, cada vez mais, aumentar seus lucros, a mídia se esforça para "interagir e influenciar as vidas da audiência reforçando determinados estilos de vida e padrões de consumo" (*op. cit.*, p. 124).

Entendemos que, normalmente, a preferência da mídia por determinadas representações e sentidos específicos encontra eco nas práticas sociais da audiência. Entretanto, a aderência a essas representações por parte da audiência não é absoluta, total. Não podemos descartar a capacidade da audiência de negociar os discursos e as representações oferecidas pela mídia. Não podemos subestimar a capacidade de contestação dos indivíduos, de pensar independentemente e de criar, ao invés de simplesmente reproduzir ou modificar modelos propostos por uma elite. Os indivíduos, até certo ponto, escolhem, combinam e fazem circular as representações enquanto interagem em seu cotidiano e, agindo dessa forma, estão, também, produzindo significados e exercendo uma espécie de poder: o de retransmitir um determinado significado simbólico.

Reiteramos que os indivíduos não têm liberdade total de interpretar as coisas da forma que quiserem. Embora eles tenham a possibilidade de fazer certas escolhas, essas são tremendamente influenciadas pelo poder das mídias, as quais promovem determinadas ações para suas audiências, já com propósitos claros em mente. Certas interpretações são encorajadas, isto é, são as que a mídia quer que façamos, porque servem aos seus interesses e não necessariamente aos nossos. Assim, interpretações e ações podem ser previsíveis, o que reforçará práticas ideologicamente dominantes.

Sua intervenção inicia-se, primeiramente, pelo reconhecimento de significantes "pertencentes à memória institucionalizada e depois pela memória constitutiva (o interdiscurso)" (ORLANDI, 1998, p.67). A ideologia e a história subjacentes ao interdiscurso estão constantemente sendo convocadas nesse processo de significação e interpretação, sem que o leitor-intérprete o perceba.

Acontece que até mesmo essas memórias usadas para interpretar o discurso de uma mídia, como a que estamos utilizando como exemplo – as revistas femininas – estão inscritas dentro de uma ideologia e podem, ao serem invocadas, dotar as mensagens de credibilidade, pois, segundo Chauí (2000, p. 94) toda forma de ideologia retira sua força de procedimentos que transformam "as ideias da classe dominante em ideias universais de todos e para todos os membros da sociedade" e que fazem "com que só sejam consideradas válidas, verdadeiras e racionais as ideias da classe dominante". De acordo com a autora,

> [...] Para que todos os membros da sociedade se identifiquem com essas características supostamente comuns a todos, é preciso que elas sejam convertidas em ideias comuns a todos. Para que isto ocorra é preciso que a classe dominante, além de produzir suas próprias ideias, também possa distribuí-las, o que é feito, por exemplo, através da educação, da religião, dos costumes, dos meios de comunicação disponíveis (CHAUÍ, 2000, p.94).

Ao refletir sobre o processo de produção de sentidos, a AD diferencia criatividade de produtividade. Orlandi (1999, p.37) observa que

> [a] 'criação' em sua dimensão técnica é produtividade, reiteração de processos já cristalizados. Regida pelo processo parafrástico, a produtividade mantém o homem num retorno constante ao mesmo espaço dizível: produz a variedade do mesmo. [...] Já a criatividade implica na ruptura do processo de produção da linguagem, pelo deslocamento das regras, fazendo intervir o diferente, produzindo movimentos que afetam os sujeitos e os sentidos na sua relação com a história e com a língua.

É nesse espaço entre o repetível e o novo que o processo de significação instaurado pelas mídias sofre a regência da ideologia.

O que está acima exposto é um exemplo de processos de significação que fazem parte das continuidades que são reorganizadas dentro de um determinado contexto.

Referências bibliográficas

ALTHUSSER, L. *Ideologia e Aparelhos Ideológicos de Estado*. Lisboa: Presença, 7ª ed. Rio de Janeiro: Edições Graal, 1998

BALLASTER, R. et al. Women's Words – Ideology, Femininity and the Women's Magazine. London: Macmillan, 1991.

BAUDRILLARD, J. *O sistema dos objetos*. Título do original: *Le système des objets*. Éditions Gallimard. Trad. Zulmira Ribeiro Tavares. São Paulo: Editora Perspectiva, 1973.

CHAUÍ, M. *O que é ideologia*. São Paulo: Brasiliense, 2000. (Coleção primeiros passos, 13).

FAIRCLOUGH, N. *Language and Power*. Harlow: Longman, 1989.

_____ *Discourse and Social Change*. Cambridge: Polity Press, 1992.

_____ *Media Discourse*. New York: Edward Arnold, 1995.

HALL, S. Representation: Cultural Representations and signifying practices. London: SAGE Publications/The Open University, 1997(a).

_____. "The Centrality of Culture: Notes on the cultural revolutions of our time". In: Thompson, K. (1997) *Media and Cultural Regulation*. Chapter 5, London, Thousand Oaks & New Delhi: SAGE Publications, Edited by The Open University, 1997(b).

KELLNER, D. *Media Culture*. London & New York: Routledge, 1995.

LULL, J. *Media, Communication, Culture – a global approach*. New York: Columbia University Press, 2000.

ORLANDI, E.P. (Org.) *A Leitura e os Leitores*. Campinas, SP: Pontes, 1998b.

ORLANDI, E. P. Análise do Discurso: Princípios e Procedimentos. Campinas, SP: Pontes, 1999.

SILVA, T.T. da. *Documentos de Identidade. Uma introdução às Teorias do Currículo*. Belo Horizonte: Autêntica, 1999.

_____ (Org.) *Identidade e Diferença: A perspectiva dos Estudos Culturais*. Tradução Tomaz Tadeu da Silva. Petrópolis: Editora Vozes, 2000.

THOMPSON, K. *Media and Cultural Regulation*. Chapter 5, London, Thousand Oaks & New Delhi: SAGE Publications, Edited by The Open University, 1997.

O mito da imparcialidade no gênero jornalístico: Bakthin e a mídia impressa

Ana Paula Saab de Brito & Barbara Heller

"O jornalista não constrói foguetes, escreve simplesmente sobre eles"

John Hohenberg[1]

Os estudos em Comunicação ganham um grande aliado quando a intenção é confrontar o mito que ainda permanece vivo nos manuais de redação e estilo dos grandes jornais brasileiros: o da imparcialidade e neutralidade do discurso jornalístico. Trata-se do filósofo russo Mikhail Bakhtin (1895-1975), que a partir dos anos de 1920 uniu-se a outros intelectuais para estudar e questionar o sistema abstrato da língua, apregoado até então pelos estruturalistas.

Hoje, diferentes áreas do conhecimento têm dado importância aos legados de Bakhtin, cuja aplicação não se reduz apenas aos estudos linguísticos e literários, mas também à Educação, História, Antropologia, Psicologia, etc. (BRAIT, 2005, p. 8). Embora Bakhtin também interesse ao campo da Comunicação, ele ainda não aparece na bibliografia básica dos cursos de graduação.

Nos cursos de graduação, a ideia de que o jornalismo pode atingir a isenção por meio da objetividade ainda persiste. Ao explicar a diferença entre a publicidade e o jornalismo, José Marques de Melo, por exemplo, em obra de 1985, ainda afirmava que enquanto a primeira trabalha com a persuasão e o imaginário do consumidor, o segundo "atém-se ao real, exercendo um papel de orientação racional" (p. 9).

Essa suposta racionalidade cai por terra quando tomamos emprestados da filosofia da linguagem os estudos de Bakhtin. Por meio de conceitos como *dialogismo* (estudo das vozes) e de *gêneros do discurso*, o autor nos fornece fortes elementos para questionarmos a imagem de neutralidade do texto noticioso, construída pelos manuais de redação e livros de jornalismo.

Dentro desta perspectiva, é preciso compreender o jornalismo como um fato da língua e, como tal, ele não é um simples reprodutor do real, mas uma atividade que contribui para a construção social da realidade, já que é no trabalho de elaboração das notícias que os jornalistas produzem discursos.

A matéria-prima do jornalista é a linguagem, um espaço de construção e constituição dos sujeitos e da subjetividade e o discurso jornalístico é a linguagem em funcionamento, uma prática social contextualizada.

Sob o mito da imparcialidade da imprensa, o discurso jornalístico incorpora ideologias de certos grupos sociais produzindo, assim, determinados efeitos de sentido no leitor. Os efeitos de objetividade e de verdade são os mais comuns. Há a intenção de reforçar certos valores e padrões sociais por meio dos discursos, já que eles são tecidos por vozes, citações, cuja autoria pode ficar marcada explicitamente ou não no texto jornalístico.

---
1 HOHENBERG, in: Neto, 1991, p. 25.

A concepção de transparência da linguagem e do discurso relatado e, portanto, da produção jornalística, pode ser vista, por exemplo, no *Manual Geral de Redação*, de *A Folha de S. Paulo* (1987, p.34), no verbete *Objetividade*:

> Não existe objetividade em jornalismo. Ao redigir um texto e editá-lo, o jornalista toma uma série de decisões que são em larga medida subjetivas, influenciadas por suas posições pessoais, hábitos e emoções. Isso não exime, porém, da obrigação de ser o mais objetivo possível. Para retratar os fatos com fidelidade, reproduzindo a forma em que ocorreram, bem como suas circunstâncias e repercussões, o jornalista deve procurar vê-los com distanciamento e frieza, o que não significa apatia nem desinteresse. Consultar colegas na redação e procurar lembrar-se de fatos análogos ocorridos no passado são dois procedimentos que podem auxiliar na ampliação da objetividade possível.

Ou, ainda, no verbete *Exatidão*, do mesmo Manual (1987, p. 30):

> Informação inexata é informação errada. A busca das informações corretas e completas é a primeira obrigação de cada jornalista. Um jornal só firma seu conceito de credibilidade junto ao seu público, quando é conhecido pela fiel transcrição das opiniões que colhe e pela exatidão dos dados que apura e publica. Para a construção da imagem de um jornal, mais importante do que ambiciosas reportagens é a publicação sistemática de textos com informações exatas.

Apesar de reconhecer que "não existe objetividade em jornalismo", o jornal apregoa que é possível persegui-la por meio de *"distanciamento e frieza"*, na tentativa de tornar a reprodução da notícia o mais fiel possível à realidade. O verbete *Exatidão* também comporta uma concepção de que se pode buscar a informação correta fazendo-se a "fiel transcrição das opiniões que colhe".

Da perspectiva bakhtiniana, a transparência da linguagem não existe, pois a língua é um produto sócio-histórico e não um sistema abstrato com características formais passíveis de serem repetidas.

O uso da linguagem no jornalismo não é só referencial aos fatos que reporta, é também constitutivo deles. A imprensa, ao dizer que busca uma redação objetiva e imparcial se apresenta como neutra, quando se sabe que tal operação não é possível. Discursos são retomados dos entrevistados e aceitos ou rejeitados na produção jornalística, embora as marcas que evidenciem a aceitação ou a rejeição destes possam ser mais ou menos explícitas no texto e na sua edição.

Contrário à concepção de homem que adquire uma linguagem ideal, pronta e acabada, Bakhtin concebe um homem que dialoga com a realidade por meio da linguagem. Nos seus estudos sobre a enunciação, o filósofo russo ensina que a língua é genuinamente dialógica e está impregnada de dizeres de outrem.

Essa visão dialógica supera a descrição dos elementos estritamente linguísticos e busca também os elementos extralinguísticos que, direta ou indiretamente, condicionam a interação nos planos social, econômico, histórico e ideológico.

Tomamos o discurso jornalístico como um ato de comunicação verbal e como parte integrante de uma discussão ideológica, na medida em que dialoga com valores e pontos de vista diferentes. Para Bakhtin, o diálogo não se caracteriza apenas pela conversa entre dois ou mais interlocutores, em voz alta, face-a-face, mas por toda comunicação verbal, de qualquer tipo.

O jornal é um ato da fala impresso, pois é objeto de discussões ativas, é feito de maneira viva para ser apreendido, criticado, comentado. O discurso jornalístico é orientado em função de intervenções anteriores, reflete o que já foi dito por alguém, permite a réplica de um terceiro, confronta suas próprias opiniões com as de entrevistados, leitores, entre outros.

É neste sentido que Bakhtin considera o diálogo como as relações que ocorrem entre interlocutores, em uma dada situação histórica, compartilhada socialmente, isto é, que se realiza em um tempo e local específicos, mas sempre mutável, devido às variações do contexto.

Para Bakhtin, todo discurso humano é uma rede complexa de inter-relações dialógicas com outros enunciados e a língua, portanto, reflete as relações dialógicas das diversas interações verbais. Nenhum discurso é exclusivo a um único sujeito falante, uma vez que outras vozes que antecederam aquela atividade discursiva estão presentes no discurso do locutor.

Voz e palavra

"Voz" foi o termo escolhido por Bakhtin para referir-se à consciência falante presente nos enunciados. Por meio do estudo das "vozes", é possível ver ou entrever as diferentes consciências falantes ou vozes presentes em um determinado discurso.

O discurso jornalístico é marcado por uma pluralidade de vozes. Ele é uma teia dialógica constituída de muitas vozes que se completam, se contradizem, se aproximam, se distanciam, se reiteram, com posicionamentos ideológicos semelhantes ou contraditórios.

Para Bakhtin é a partir da palavra que o sujeito se constitui e é constituído: *"as palavras não são de ninguém, em si mesmas nada valorizam, mas podem abastecer qualquer falante e os juízos de valor mais diversos e diametralmente opostos dos falantes"* (BAKHTIN, 2003, p. 290).

Bakhtin vê o homem e a linguagem como sendo partes de um mesmo processo dialético. Suas concepções baseiam-se em uma teoria que vê o mundo a partir de ruídos, vozes, sentidos, sons e linguagens que se misturam, se (re)constroem, se modificam e se transformam. É preciso considerar o "direito" e o "avesso" da palavra não como partes distintas, mas como elementos que se complementam por meio de uma relação dialógica.

A palavra, em situação de uso, portanto, é um espaço de produção de sentido. Dela emergem as significações que, consequentemente, se fazem no espaço criado pelos interlocutores em um contexto sócio-histórico dado. Por ser espaço gerador de sentido é controlada e selecionada por meio dos mecanismos sociais. Dependendo do interlocutor, da situação de uso, o falante determina qual a melhor palavra a ser utilizada, e assim, deixa rastros e vestígios da história e da memória de outros discursos.

A palavra "Carandiru", por exemplo, depois do episódio conhecido como *Massacre do Carandiru*, ocorrido em 02 de outubro de 1992, no qual 111 presos foram mortos em confronto com a polícia, ganhou novo significado: além de representar o nome do presídio onde ocorreu a ação, "Carandiru" também se associa à ideia de repressão, violência e morte.

A palavra funciona, portanto, como um instrumento da consciência individual. E *"é devido a esse papel excepcional de instrumento da consciência que a palavra funciona como elemento essencial que acompanha toda criação ideológica, seja ela qual for"* (BAKHTIN, 1997, p.37).

Ao afirmar que o contexto histórico é parte constitutiva da linguagem, Bakhtin rejeita as concepções estruturalistas que tomam a palavra como parte de um sistema abstrato de formas, em que o falante não tem poder de intervenção. *"O sentido da palavra é totalmente determinado por seu contexto. Há tantas significações possíveis quanto contextos possíveis."* (BAKHTIN, 1997, p.106).

A palavra para Bakhtin se orienta em função do interlocutor e comporta duas faces: 1. procede de alguém e se dirige para alguém; é o produto da interação do locutor e do interlocutor; 2. serve de expressão de um em relação ao outro e em relação à coletividade.

> A palavra é uma espécie de ponte lançada entre mim e os outros. Se ela se apóia sobre mim numa extremidade, na outra se apóia sobre o meu interlocutor. A palavra é o território comum do locutor e do interlocutor (BAKHTIN, 1997, p. 113).

Dialogismo

É a partir dessa concepção de linguagem de Bakhtin que nasce uma das categorias básicas de seu pensamento, o dialogismo, princípio constitutivo da linguagem, o que quer dizer que toda a vida da linguagem, em qualquer campo, está impregnada de relações dialógicas. A concepção dialógica contém a ideia de relatividade da autoria individual e consequentemente o destaque do caráter coletivo e social da produção de ideias e textos. A noção do "eu" nunca é somente individual, mas também social.

Dessa forma, o discurso não é individual tanto pelo fato de que ele se constrói entre pelo menos dois interlocutores que, por sua vez, são seres sociais, como pelo fato de que ele se constrói como um diálogo entre discursos, isto é, mantém relações com outros discursos.

A interação entre interlocutores é o princípio fundador da linguagem. É na relação entre sujeitos, ou seja, na produção e na interpretação dos textos que se constroem o sentido do texto, a significação das palavras e os próprios sujeitos. Na prática jornalística, isso faz todo sentido. O repórter escreve levando em consideração seus interlocutores e sua relação com os mesmos. O jornal é escrito não apenas para seus consumidores, mas quem também ali anuncia e financia, direta ou indiretamente e isso faz com que ele seja produto de muitas vozes sociais.

O dialogismo é o permanente diálogo entre os diversos discursos que configuram uma sociedade, uma comunidade, uma cultura. A linguagem é, portanto, essencialmente dialógica e complexa, pois nela se imprimem historicamente e, pelo uso, as relações dialógicas dos discursos. A palavra é sempre perpassada pela palavra do outro. Isso significa que o enunciador, ao construir seu discurso, leva em conta o discurso de outrem, que está sempre presente no seu discurso.

Para entender um ponto de vista, é necessário conhecer o local da fala. Bakhtin propõe olhar o mundo de um ponto de vista para melhor captar o movimento dos fenômenos em sua pluralidade e diversidade, pois um enunciador, ao construir seu discurso, leva em conta o discurso do outro, que está sempre presente no seu.

Ideologia da neutralidade

A imprensa constrói sua imagem com base no discurso da neutralidade e da objetividade. Afirma-se neutra, objetiva e imparcial como se os fatos fossem sagrados. "Os fatos falam por si só" ou "contra fatos não há argumentos", repetem exaustivamente os jornalistas. A ideia é eximir a imprensa de qualquer responsabilidade pelo que ela divulga.

Bakhtin, porém, nos ensina que não existem enunciados neutros à medida que as palavras podem adquirir sentidos diversos dependendo do contexto, entonação, expressão de quem o produz e também do meio que o reproduz.

Portanto, a neutralidade do discurso jornalístico é uma falácia. Até mesmo porque o jornalismo se ocupa de contar uma história, reproduzir falas e fatos. Lembrando Bakhtin, é impossível restituir em um texto o sentido originário do que foi dito em campo, pois o texto se constitui sempre como um novo contexto.

O sentido de algo, para Bakhtin, se constrói no cruzamento da história com o social, no encontro do individual com o social. Sendo assim, o sentido original não existe. Tudo que é dito é dito a alguém e deste alguém dependem a forma e o conteúdo do que é dito. O repórter relata diálogos dirigindo-se a um outro alguém e assim sucessivamente.

O fato em si acontece em um dado momento, numa dada situação histórica. Ao relatar esse fato, o jornalista o fará em um outro tempo, por meio de um suporte (meio de comunicação) que também vai condicionar a maneira como essa história será contada.

Se este suporte for a televisão, por exemplo, haverá predominância das imagens e o olhar do cinegrafista e do editor conduzirá a forma como elas serão editadas e apresentadas. Da mesma forma, se o suporte for o meio impresso, as palavras do repórter nas páginas de papel ganharão outra conotação, quando irão circular somente no dia seguinte.

Gêneros jornalísticos: uma hierarquia da fala

Nem tudo que se lê no jornal é reportagem, como costumam dizer os leitores leigos. Reportagem e notícia se aproximam, mas diferem de artigo de opinião, editorial, entrevista pingue-pongue e assim por diante. Ler e analisar cada um desses textos implica reconhecer suas especificidades dentro do que se convencionou chamar de gêneros jornalísticos, uma discussão, aliás, que não está encerrada nem entre os muitos autores que se propuseram a estudá-los.

São muitas as classificações adotadas e defendidas por diversos autores. Não pretendemos aqui nos aventurar por meio delas, mas apenas destacar que antes mesmo de essa discussão se avolumar nos estudos da Comunicação, as teorias de gêneros já se faziam presentes na Antiguidade.

A definição de gêneros, enquanto grupos de textos, vem desde a Grécia Antiga. Platão sugeriu uma primeira classificação, posteriormente sistematizada por Aristóteles, na obra *Poética*, baseada nas relações entre literatura e realidade:

mimético, ou seja, o que se baseia na "imitação" do mundo (tragédia e comédia); *expositivo* (poesia lírica, por exemplo); e *misto*, constituído pela associação das duas classificações (epopeia).

A teoria dos gêneros surge para a literatura. Neste campo, os gêneros sempre estiveram presentes, seja como agrupamento de obras determinado por convenções estéticas, seja como elemento normatizador das relações entre autor, obra e leitor, elemento de constituição de um imaginário comum, elemento de composição de uma obra e como "estratégia de comunicabilidade" (BORELLI, 1995); ou como tipos relativamente estáveis de enunciados (BAKHTIN, 2003).

Seguiremos aqui o princípio teórico de Bakhtin, precursor desse estudo e para quem o entendimento do conceito de gênero não pode ficar de fora de nenhum trabalho que se pretenda na área do discurso. Assim sendo, vamos nos orientar pelas noções bakthinianas, que traçamos a partir de então.

Conhecer um gênero é conhecer suas condições de uso, sua adequação ao contexto. Quando falamos em analisar textos jornalísticos sob o enfoque de gêneros da esfera jornalística, referimo-nos a tomá-los a partir de seu lugar de produção, de circulação e situando seus interlocutores, pois:

> O desconhecimento da natureza do enunciado e a relação diferente com as peculiaridades das diversidades de gênero em qualquer campo da investigação linguística redundam em formalismo e em abstração exagerada, deformam a historicidade da investigação, debilitam as relações da língua com a vida. Ora, a língua passa a integrar a vida através de enunciados concretos (que se realizam); é igualmente através de enunciados concretos que a vida entra na língua. (BAKHTIN, 2003, p. 264)

Para o autor, os gêneros são as diferentes formas de incidência dos enunciados, visto que todo ser humano em quaisquer de suas atividades vai servir-se da língua a partir do interesse, intencionalidade e finalidade específicos de cada atividade. Classificar determinado enunciado como pertencente a dado gênero, portanto, implica verificarmos suas condições de produção, circulação e recepção.

Os enunciados linguísticos se realizarão de maneiras diversas e *"cada campo de utilização da língua elabora seus tipos relativamente estáveis de enunciado, os quais denominamos gêneros do discurso"* (BAKHTIN, 2003, p.262).

Existem, segundo o autor, tantos gêneros quantas forem as situações de uso desses enunciados, por isso devemos considerar o gênero como um meio social de produção e de recepção do discurso. E, ainda, é de extrema relevância observar que o gênero, como fenômeno social que é, só existe em determinada situação comunicativa e sócio-histórica. Caso modifiquemos tais condições é possível que um mesmo enunciado passe a pertencer a outro gênero.

Um gênero do discurso é parte de um repertório de formas possíveis no processo de comunicação de uma sociedade e, desse modo, só existe relacionado à sociedade que o utiliza. Dominar um certo número de gêneros é poder transitar nas diferentes situações de comunicação com as quais se depara.

Conhecer determinado gênero significa ser capaz de prever regras de conduta, seleção vocabular e estrutura de composição utilizadas, é a competência sócio-comunicativa dos falantes que os leva à detecção do que é ou não adequado em cada prática social.

Reconhecendo os gêneros como produtos sociais, heterogêneos, variados e suscetíveis a mudanças, Bakhtin propôs dividir os gêneros em dois tipos: *gênero primário* (simples) e *gênero secundário* (complexo).

Os primários são aqueles que surgem das situações de comunicação verbal espontâneas, não elaboradas, como nos enunciados da vida cotidiana: linguagem oral, diálogos com a família, reuniões de amigos, etc.

Já os gêneros secundários são os que absorvem e modificam os primários. Referem-se normalmente à escrita, são mais elaborados, menos imediatos, passam por um meio e uma instrumentalização que o compõem. Fazem parte deste tipo de gênero as situações de comunicação mais complexas, como artísticas, culturais e políticas.

Um exemplo trazido por Bakhtin em seu *Estética da Criação Verbal* (2003) torna claro o fenômeno de absorção e transmutação dos gêneros primários pelos secundários: uma carta ou qualquer fragmento de conversação do cotidiano quando inseridos em um romance se desvinculam da realidade comunicativa imediata, só conservando seus significados no plano de conteúdo do romance.

Neste caso, eles deixam de ser diálogos cotidianos para se transformar em atividade verbal artística, elaborada e complexa. A matéria dos gêneros primários e secundários continua sendo a mesma: enunciados verbais, fenômenos de mesma natureza, diferenciando-os apenas pelo grau de complexidade e elaboração em que se apresentam.

Diz Bakhtin (2003, p.264):

> Os gêneros primários, que integram os complexos, aí se transformam e adquirem um caráter especial: perdem o vínculo imediato com a realidade concreta e os enunciados reais alheios: por exemplo, a réplica do diálogo cotidiano ou da carta no romance, ao manterem a sua forma e o significado cotidiano apenas no plano do conteúdo romanesco, integram a realidade concreta apenas através do conjunto do romance, ou seja, como acontecimento artístico-literário e não da via cotidiana. No seu conjunto, o romance é um enunciado, como a réplica do diálogo cotidiano ou uma carta privada (ele tem a mesma natureza dessas duas), mas à diferença deles é um enunciado secundário (complexo).

Segundo o autor, são três os elementos principais em que devemos nos fundamentar para verificar o gênero a que pertence determinado enunciado: conteúdo temático; plano composicional; estilo.

O conteúdo temático é o assunto de que vai tratar o enunciado em questão. Já o plano de composição alude à estrutura formal propriamente dita (a forma como os textos são diagramados, com foto ou sem, a fonte e o tamanho dos títulos; primeira página ou página interna, etc). Por fim, o estilo leva em conta questões individuais de seleção e opção: vocabulário, estruturas frasais, preferências gramaticais.

Consideremos, ainda, que as três características aqui arroladas como principais nada representam se o enunciado não for analisado levando-se em consideração todo um contexto. Ou seja, os enunciados pertencem a determinada esfera da atividade humana, são devidamente localizados em um tempo e espaço (condição sócio-histórica) e dependem de um conjunto de participantes e suas vontades enunciativas ou intenções.

Considerações finais

O estudo dos gêneros em Bakhtin mostra que as técnicas utilizadas para a produção do jornal servem para esconder a subjetividade que permeia a construção das notícias e para fazer com que estas se pareçam isentas e mediadoras da verdade.

Uma vez que estamos diante de textos jornalísticos, partimos do pressuposto de que há todo um processo próprio de elaboração dos mesmos: seleção de conteúdos, consecução do texto, editoração, diagramação e revisão. Todo esse processo já nos indica que se trata de um gênero secundário, complexo e elaborado, cuja relação com a linguagem é mediada.

A ideia que se quer dar quando o jornal classifica a informação em notícia, reportagem, artigo, editorial, entrevista pingue-pongue, etc. e as divide em editorias, é que o jornal opina apenas nos espaços destinados à opinião, ou seja, nas próprias páginas de "Opinião". Mas, de acordo com o que foi exposto até aqui, ela também emite juízo de valor e opina no espaço da "informação objetiva".

Sabe-se que dependendo do formato do texto jornalístico e do gênero em que ele se enquadra há uma permissão maior ou menor para que o seu autor expresse uma opinião, faça juízos de valor ou interprete os fatos à luz da sua visão pessoal. Mas pela forma como ela monta o jornal pode induzir o leitor a uma leitura x ou y.

Por trabalhar com diversos discursos e abranger vários gêneros, o texto jornalístico é repleto de heterogeneidade, ou seja, dialoga com o leitor, busca informá-lo, satisfazer suas necessidades, ao mesmo tempo em que tenta agradar ou implantar uma determinada visão de um conteúdo, isto é, uma ideologia.

A notícia é socialmente construída, não apenas pelo fato de se valer da linguagem para transmitir, informar e formar opiniões, mas também pelo fato de que é produzida por sujeitos-repórteres que são pagos pelas instituições privadas que os empregam.

Tão importante quanto o evento noticiado são as operações envolvidas nos critérios de seleção da notícia. Ela será escolhida se for vista sob certo enfoque de representação, o que envolve um ato de interpretação ideológica. Depois, nas reuniões de pauta, a notícia passa por um processo de transformação antes de ser publicada.

Os jornais não publicam simplesmente o que acontece, mas o que pode ser considerado e apresentado como merecedor de publicação. O que vai ser publicado é fruto de critérios jornalísticos que levam em conta se a notícia é de interesse público, recente, inédita, verdadeira, objetiva e pitoresca. São os chamados "critérios técnicos" que estão por trás da seleção e dão a legitimidade de que a imprensa precisa para parecer imparcial e confiável. A mídia não tem apenas o poder de permitir ou censurar certos temas, mas também o de dar forma a esses temas.

A notícia também é um produto mercadológico, que segue obrigatoriamente a linha editorial de cada empresa, que por sua vez mantém relações comerciais com anunciantes. Todo esse contexto onde a notícia é produzida faz parte das condições de produção de um discurso. O discurso jornalístico é, portanto, portador de várias vozes. Não emite apenas a voz do dono, mas a dos que o editam, vendem, compram e, principalmente, a voz do Estado.

Um dos princípios que norteiam o chamado "bom jornalismo" é o da *objetividade*, aquele que dá ao leitor impressão de ter ciência dos fatos tais quais eles são. Porém, ao escrever um texto, o repórter o faz com sua visão de mundo, escolhe certas palavras em vez de outras, enfim, coloca sua subjetividade em prática e, desta forma, marca seu local na fala, mesmo não usando adjetivos e escrevendo de forma "objetiva", em terceira pessoa, como pregam os manuais.

Outro princípio é o da atratividade, considerada uma qualidade capital para o jornalismo. Mas o que é uma notícia atrativa? Já dissemos que ela deve ser recente ou inédita, de interesse público, ter o poder de vender o jornal. Sob esse aspecto, podemos considerar que a notícia e, consequentemente, o tratamento que ela recebe, podem muitas vezes ser mais atrativos para o jornal do que para o público leitor realmente.

Por fim, o terceiro princípio é o da concisão, "para leitores que não têm tempo a perder". No afã de produzir uma matéria dentro do *dead-line* (prazo estabelecido pelas redações) e no tamanho estipulado pelo editor ou diagramador, o repórter muitas vezes deixa de explicar ou retomar temas que seriam de grande importância para o bom entendimento do assunto.

Tudo isso que foi exposto até aqui eleva a notícia relatada à condição de sujeito dos fatos e derruba o mito da transparência e da objetividade da linguagem.

Referências bibliográficas

BAKHTIN, Mikhail. (1979/2003). *A Estética da Criação Verbal*. São Paulo: Martins Fontes, 2003.

_____. (1929/1997) *Marxismo e Filosofia da Linguagem*. 5ª ed. São Paulo: Hucitec, 1997.

BEZERRA, Paulo. Polifonia. In: BRAIT, B. (org). *Bakhtin: conceitos-chave*. São Paulo: Contexto, 2005.

BORELLI, Silvia Helena Simões. "Gêneros ficcionais, materialidade, cotidiano e imaginário". In: SOUZA, M. W. de (org.). *Sujeito, o lado oculto do receptor*. São Paulo: Barcelona, 1995.

BRAIT, Beth (org.). *Bakhtin: conceitos-chave*. São Paulo: Contexto, 2005.

FOLHA DE S. PAULO. Manual geral de Redação. São Paulo: Folha de São Paulo, 1987.

HOHENBERG, John (1966). "Manual de jornalismo" In: NETO, Antonio Fausto. *Mortes em Derrapagem*. Rio de Janeiro: Rio Fundo, 1991.

MELO, José Melo de. *A opinião no jornalismo brasileiro*. Petrópolis: Vozes, 1985.

O texto literário e os códigos orientadores da leitura

José Marinho do Nascimento

"Assim como a obra de arte só se oferece a quem conquista o seu acesso, também se fecha a quem quer monopolizar a sua posse."

Luigi Pareyson

Introdução

Este artigo trata de questões que envolvem leitura/interpretação[1] de textos, mas faz um recorte bem específico: os elementos textuais e paratextuais que são orientadores de um percurso de leitura.

O assunto não é atual. Desde meados do século XX, vários teóricos[2] se debruçam sobre ele. Parece-me, entretanto, que esse campo sempre fica relegado a um segundo plano nos estudos do texto. Sem pretender esgotar a polêmica em torno da questão ou reivindicar qualquer prevalência sobre outras abordagens ligadas à prática da leitura, penso que analisar essa espécie de *periferia textual* pode ser um auxiliar poderoso na condução dos trabalhos em sala de aula, ao contrário do que o procedimento sugere à primeira vista.

Assim, no corpo deste artigo, passo por discussões referentes aos conceitos de "autor", de "texto", de "paratexto", bem como, ao rumar para a problemática da atribuição do sentido à leitura na interpretação, exploro algumas noções atinentes ao processo de diálogo constante entre textos.

Há muito se sabe que a fruição e o sentido de qualquer texto estão intimamente atrelados ao conhecimento e à forma de percepção de mundo daquele que faz o percurso de leitura deste mesmo texto[3]. As discussões em relação a uma leitura – mais ou menos acertada de um texto –, no entanto, geralmente esbarram no argumento de que *a interpretação é uma questão pessoal*. Não discordo da afirmação em si, pois a leitura ocorre, mesmo e sempre, no âmbito do pessoal, ou seja, somente uma *pessoa* é capaz de *ler* um texto e a ele atribuir um sentido. E os sentidos possíveis, deste ponto de vista, chegam a ser infinitos, inaugurando uma dimensão que denuncia a imensa riqueza proporcionada pelo trabalho da leitura e da interpretação, a grandiosidade desta atividade humana e, além disso, a inexauribilidade da obra de arte (PAREYSON, 2001). Um texto é sempre novo porque

---

1   Uso a expressão "leitura/interpretação" porque entendo "interpretação" como um processo sempre em curso. A primeira "leitura" de um texto já é interpretação deste texto, mas num grau ainda bastante elementar.
2   Genette, Duchet, Derrida, Dubois, Lejeune, Hoek, Lane, Adam, para ficar com os citados por Charaudeau e Maingueneau (2008, p. 367-368).
3   Vou me referir a "texto escrito", mas o sentido de "texto" poderia ser bem alargado. "Texto" pode ser concebido como tudo o que foi produzido a partir de um sistema semiótico qualquer e que pode ser "lido". Assim, o conjunto da obra de um autor, uma tela, um romance, uma sinfonia, um filme, um cartão de visita, uma aula, uma conversa de bar ou um simples aceno podem ser vistos como "texto". Neste sentido, a concepção de "leitura" também fica amplificada.

sempre novas são as condições de enunciação em que ele se insere. Entretanto, isto não pode significar que *toda* leitura, por ser pessoal, seja uma interpretação suportada pelo texto.

Ainda, no correr deste artigo, reflito sobre a questão de textos literários que, dentro da autonomia que é inerente a cada gênero específico, circunscrevem mais concretamente um raio para a órbita de sua leitura. Um poema, por exemplo, contém geralmente um título que, se levado em conta, tende a conduzir a leitura e a circunscrever uma reflexão da parte do leitor; às vezes, apresenta dedicatória, epígrafe, data; se publicado, insere-se num circuito literário, aparece num livro determinado (que pode conter, também este, uma epígrafe, um prefácio etc.).

Todos os elementos mencionados e todas as circunstâncias sugeridas no parágrafo anterior acompanham o texto, gravitando em torno dele, dialogando com ele (e apontando mais ou menos de perto para o seu sentido), seja como um todo particular, seja como parte de um diálogo maior com textos *outros*, anteriores e posteriores a ele.

Intento mesmo chamar a atenção para a maneira como alguns textos estabelecem mais explicitamente uma relação com a exterioridade e, consequentemente, como avançam com o leitor para um dado do mundo com o qual pretendem estabelecer diálogo. Estão em meu horizonte algumas perguntas: Que extensões de leitura insinuam, sugerem, permitem ou exigem estes textos? Em que medida são relevantes as epígrafes, as dedicatórias, os títulos, os prefácios e outros elementos que circundam o corpo textual? Se, nas atividades de leitura e de interpretação, trabalharmos com fragmentos, não estaremos suprimindo diversos orientadores importantes, que estão envolvidos nas condições de produção-recepção do texto, além do fato óbvio de suprimirmos uma parte dele?

Um texto possui um "dentro" e um "fora", é formado por um lado interior e um lado exterior?

Se eu conceber texto apenas por um critério formal – por oposição, posso dizer "isto é texto", "isto é desenho", "isto é uma fotografia", por exemplo – ainda assim, estabeleço uma ligação com um "exterior" ao objeto, relaciono-me com um "fora" do texto. Somente consigo dizer o que é um *texto* porque tenho informações do mundo a respeito do que é e do que não é um texto. Sem o seu lado exterior, digamos assim, um texto não consegue ser texto: é um amontoado de signos em busca de sentido.

De imediato, se não domino a língua em que o texto foi escrito, cesso a atividade de leitura, pois não consigo estabelecer uma ponte entre mim e o escrito.

Se conheço a língua, posso iniciar a descodificação, ainda que seja com a ajuda de um dicionário. Entretanto, ler o que está "escrito" é só um primeiro passo. Um segundo é entender o que se leu, sabendo, no entanto, que todo texto sempre diz muito mais do que aquilo que foi lido. Assim, iniciado processo de leitura/interpretação, o leitor – com maior ou menor profundidade – vai percebendo o que está *inscrito*. Texto é portanto o *escrito* mais o *inscrito*. Vale a pena exemplificar o processo com versos de Cecília Meireles.

Os versos a seguir compõem a primeira estrofe do poema "Alvura":

> Cantemos também os frescos lençóis e as colchas brancas,
> estes campos de malmequeres engomados
> onde o sonho nem sonha.[4]

Ler o "inscrito" não é exatamente perceber as relações sintáticas elípticas, (como uma sugerida, por exemplo, por estes versos iniciais: "os frescos lençóis e as colchas brancas" *são como os/lembram os/se parecem com os* "campos de malmequeres"). Esta percepção é importante, por certo, mas muito mais importante é observar que, no caso destes versos, a voz poética se dirige a um tu, o leitor, convidando-o a exaltar, extasiados, as coisas (alvas, claras, brilhantes) ao seu redor e, no final, a bendizer uma pessoa em especial (Edite). O "inscrito" aparece já no início do poema, no momento em que atentamos para a expressão "Cantemos *também*".

Uma primeira leitura do poema, portanto, pode ser exatamente a de que, dentre tantas outras coisas boas que podem merecer o nosso canto, cantemos estas, encontradas desde o nosso despertar, desde o momento em que acordamos. De certa forma, esta leitura se mantém mais aderente à superfície do texto, numa órbita mais próxima da plataforma textual que temos diante das retinas.

No entanto, este poema dialoga explicitamente com um outro ("Edite"), que, no espaço físico do livro publicado, vem imediatamente antes dele e cuja primeira estrofe diz o seguinte:

---

4 Continuação do poema, a partir da segunda estrofe: "Cantemos os flocos das cortinas, / as nuvens que adornam o céu de nácar, / as dálias com seus colares de orvalho, / e os mármores da porta, onde um raio de sol inscreve o dia. // Cantemos, cantemos estes ladrilhos cintilantes, / e o claro esmalte por onde escorrem, tumultuosos, / matinais jorros de água, de precipitada espuma. // Cantemos a faiança lisa, os guardanapos ofuscantes, / e o perfumado arroz-doce, e o leite, e a nata, e o sal e o açúcar, // e os punhos de Edite, lustrosos e duros como a louça, // e seus dez dedos paralelos com umas belas unhas nítidas, / que incrustam de cada lado da espelhante bandeja cromada / cinco finas, tênues, alvas luas crescentes." (*Obra poética*. 3. ed.: Rio de Janeiro: Nova Fronteira, 1985, p. 301. Observação: no penúltimo verso, a edição referida traz "encrustam".).

> Cantemos Edite, a muito loura, branca e azul,
> cujo avental de linho é a alegre vela de um barco
> num domingo de sol, e cuja coifa é uma gaivota
> planando baixa, pelo quarto.[5]

O poema "Alvura", neste sentido, inscreve uma relação proximal muito forte com um outro poema do livro, "Edite". No primeiro, o advérbio "também", à maneira do processo anafórico de recuperação de sentidos dentro de um texto, possibilita entrever o resgate de uma ideia anterior. Evidentemente, ambos podem ser lidos na sua autonomia e na sua individualidade, mas os sentidos de cada um deles só tendem a se ampliar com a dimensão sempre alargada, proporcionada pelo processo intertextual[6].

Noutras palavras, o poema "Edite", por gravitar em torno de "Alvura", quase exerce uma função "paratextual" em relação a ele, mas os dois textos significam mais, se levarmos em conta a aceitação da organização do livro por parte da escritora. O poema "Edite" vem primeiro, tem precedência sobre "Alvura". A poeta, portanto, com esta disposição dos escritos, privilegia o ser humano (o que não chega a espantar, levando-se em conta o que se sabe a respeito de sua trajetória pessoal e literária). Cortando atalho: primeiro vem o homem, depois vêm as coisas. A Edite do poema está envolta em cores, inserida num ambiente impressionista, de forte apelo sensorial, de quase transcendência. O segundo texto parece derivar do primeiro, ser um recorte dele. O aspecto cromático continua tatuando a massa sugestiva, a contemplação, impregnando o tom discursivo. Os dois poemas se estreitam porque percebo neles uma espécie de rota ou uma linha direta para o seu diálogo. A interpretação se aprofunda e, assim, os dois poemas ganham cada vez mais sentido.

O exemplo serve para refletirmos sobre a grande quantidade de aspectos envolvidos na questão da leitura/interpretação. Por isso, quanto melhor for a qualidade dos dados levados em conta, menos risco corro de perder-me em subjetividade exagerada ou em juízo arbitrário. Pareyson (2001, p. 226) lembra que a

> interpretação ocorre quando se instaura uma simpatia, uma congenialidade, uma sintonia, um encontro entre um dos infinitos aspectos da forma e um dos infinitos pontos de vista de uma pessoa:

---

5 Continuação do poema, a partir da segunda estrofe: "Cantemos Edite, a anunciadora da madrugada, / que passa carregando os lençóis e as bandejas, / deixando pelos longos corredores / frescuras de jardim e ar de nuvem caseira. // Cantemos Edite, a de mãos rosadas, que caminha / com sorriso tão calmo e palavras tão puras: / sua testa é um canteiro de lírios / e seus olhos, miosótis cobertos de chuva. // Cantemos Edite, a muito loura, branca e azul, / que à luz ultravioleta se converte em ser abstrato, / em anjo roxo e verde, com pestanas incolores, / que sorri sem nos ver e nos fala calado. // Cantemos Edite, a que trabalha silenciosa / preparando todas as coisas desta vida, / porque a qualquer momento a porta deste mundo se abre / e chega de repente o esperado Messias." (op. cit. p. 300)

6 Sabe-se que o termo "intertextualidade" (retomado depois por outros teóricos) foi cunhado por Julia Kristeva (2005) para os estudos literários no final da década de 1960. A professora chamava a atenção para o fato de que todo texto se constrói num processo de retomada e de disseminação de textos anteriores a ele.

interpretar significa conseguir sintonizar toda a realidade de uma forma através da feliz adequação entre um dos seus aspectos e a perspectiva pessoal de quem a olha.

Em tese, quanto mais experiente for o leitor, tanto mais terá possibilidades de abrir caminhos rumo à interpretação de um texto. Por isso, trabalhar com textos integrais é sempre a melhor escolha. Parodiando Bandeira, *supressão é traição*. Suprimir parte de texto e dela nos valer para a leitura/interpretação significa trabalhar com outro texto e não com o que inicialmente pensamos trabalhar. É quase impossível prever a quais dados da realidade pessoal do leitor a parte suprimida o levaria.

Na prática da leitura e da análise que ocorre no âmbito escolar, a fragmentação de texto, muito mais correntemente, se dá com relação ao estudo da prosa. Sob este aspecto, então, a poesia tem ficado um pouco mais protegida. Ainda assim, quando ocorre qualquer supressão de trechos, parece ser o poema o que mais acaba sendo vitimado com o procedimento. Por isso, é relevante discutir-se o problema. Ao mutilarmos um organismo, ele padece porque parte de suas ligações com o mundo lhe foi retirada.

Em certa medida, esta reflexão está plantada no variado campo das concepções ligadas ao dialogismo e, mais pontualmente, à concepção de "dialogismo mostrado" ou "heterogeneidade mostrada", teorizada por Authier-Revuz, mas que apanho, nesta oportunidade, porque síntese lapidar, em Charaudeau e Maingueneau (2008, p. 162):

> Comparado com o dialogismo constitutivo, que se esconde ou se mascara atrás das palavras, das construções sintáticas, das reformulações ou das reescrituras não ditas dos discursos segundos, "completamente diferente é o nível do dialogismo 'mostrado', isto é, a representação que um discurso dá, em si mesmo, de sua relação com o outro, do lugar que ele cria, explicitamente, designando, na cadeia do enunciado, por meio de um conjunto de marcas linguísticas, pontos de heterogeneidade" (Authier-Revuz, 1985: 118). Desse modo, intencionalmente ou não, certos discursos mostram explicitamente o discurso de outrem que os atravessa.

A exposição que se acabou de fazer não deixa dúvidas quanto aos dois tipos de "dialogismo". Um se esconde e o outro se mostra. Um estaria latente e o outro estampado. A apreensão da *latência* e/ou da *marca* depende, obviamente, do repertório de quem lê, ainda que a simples detecção delas por parte deste leitor não seja garantia para se chegar a um sentido mais profundo de um texto.

No entanto, é certamente mais fácil ir ao encontro dos sentidos quando se conhece(m) o(s) texto(s) – ou o(s) discurso(s) – com o(s) qual(quais) o dito texto mantém relação. Neste caso, o processo intertextual explicitado facilitaria a compreensão e a interpretação.

Voltando à citação dos dois críticos franceses, depreende-se dela também que, nos textos, o fio dialógico ganha foros de relevo norteador de sentido. É por esta razão que é possível dizer que a maioria dos autores, ainda que não queiram, "orientam" explicitamente um percurso de leitura. Nossas reflexões, evidentemente, também se atualizam afinadas com a ideia de que

> texto é considerado hoje como objeto de significação, ou seja, como um "tecido" organizado e estruturado, quanto como objeto de comunicação, ou melhor, objeto de uma cultura, cujo sentido depende, em suma, do contexto socioistórico (BARROS, 2003, p. 1).

O discurso que ora se materializa, portanto, pensa o texto como um objeto em si mesmo, empírico, e também como um objeto cujo sentido se efetiva na relação com um outro. Não farei aqui, entretanto, considerações a respeito dos aspectos relacionados às condições materiais de produção de um livro (não pretendidas muitas vezes pelo autor do texto), tais como o bom ou mau tratamento visual da capa e a escolha deste ou daquele tipo gráfico, por exemplo, chamado de *paratexto editorial* por Maingueneau (2000, p. 105). Interessam-me os paratextos denominados *autorais*, ou seja, aqueles que são atribuídos à figura do "escritor", designativo do "ator que define uma trajetória na instituição literária" (MAINGUENEAU, 2006, p. 136), que corresponderia ao primeiro termo da tríade autor-obra-leitor.

No entanto, o estudo da questão apresenta aspectos interessantes, pois o estatuto de "escritor" e de "autor" são diferentes, dependendo da corrente de análise que os vê.

Acercando-me do problema com uma ilustração: não tenho dúvida, por exemplo, de que Machado de Assis escreveu *Memórias póstumas de Brás Cubas*. Diz-se que Machado de Assis, então, é o "autor" do romance. No entanto, é preciso, inicialmente, fazer uma distinção entre o estatuto de "autor-pessoa" (Machado de Assis, que ora é funcionário público, ora é escritor, ora é presidente da Academia Brasileira de Letras...) e o estatuto de "autor-criador" (Machado de Assis, na condição de "escritor", mas subsumido pela voz com a qual entro em contato no momento da leitura de um romance[7]). Deste ponto de vista, portanto, *Helena, Dom Casmurro, Os deuses de casaca* e *Memorial de Aires* apresentam, cada um deles, um "autor-criador" diferente e teriam um "autor-criador" diferente, ainda que todos eles nos fossem apresentados por um mesmo narrador-personagem.

---
7 Faraco (2005), fazendo um percurso pela obra de Bakhtin, retoma, discute e procura esclarecer as noções de "autor" e de "autoria" que tinham o pensador russo e seu círculo.

Ora, no caso do livro de memórias escrito por Machado de Assis, há um narrador-personagem que assume a autoria do texto (uma primeira pessoa investida no papel de "escritor" do romance), o que nos dificulta, consequentemente, estabelecer as fronteiras entre os papéis comumente atribuídos ao escritor, ao autor e ao narrador.

Até prova em contrário, um escritor (condição assumida por uma pessoa ao fazer uma publicação dentro da instituição literária) planeja seu trabalho e, do plano, podem constar uma dedicatória, uma epígrafe, um prefácio etc. Se na dedicatória aparece um endereçamento do tipo "Para Dora, doce companheira", é possível circunscrever uma leitura, desde que saibamos estar Dora ligada ou não à vida civil de quem escreveu a obra. De posse da informação, fica menos problemático atribuir a dedicatória ao "escritor", que é a figura responsável pelo domínio dos espaços funcionais na elaboração do livro, por exemplo.

Assim, pergunto-me: a quem deve ser creditada a dedicatória tão conhecida da obra *Memórias póstumas de Brás Cubas* ("Ao verme que primeiro roeu as frias carnes do meu cadáver dedico como saudosa lembrança estas Memórias Póstumas")? Não a atribuímos certamente a Machado-pessoa civil e também não daríamos a autoria a Machado-escritor (uma condição profissional).

Seria possível atribuir o desejo expresso na dedicatória ao "autor-criador" tal qual o estamos enxergando aqui? O "autor-criador" não pode ainda ser uma instância distinta da de narrador-personagem?

No caso desta obra de Machado, o "autor-criador" confunde-se deliberadamente com o "narrador-personagem", uma instância que, graças ao artifício da condição de "escritor do texto" arquitetada pelo "autor-criador", invade também o domínio dos paratextos, já que é a voz em um prólogo ("Ao leitor") – que não é o "Prefácio" de Mário de Andrade, mas não deixa de ser "interessantíssimo" – e é a mesma voz da dedicatória. O prólogo instala um locutor enunciando ironicamente que "a obra em si mesma é tudo", como a nos lembrar de que este texto preambular (do qual ele é autor) está à margem e não faz falta ao romance (que é de sua autoria também).

Se tomarmos para comparação um paratexto contido em *Incidente em Antares*, de Érico Veríssimo (1994), talvez joguemos um pouco mais de luz sobre a discussão:

> Neste romance as personagens e localidades imaginárias aparecem disfarçadas sob nomes fictícios, ao passo que as pessoas e os lugares que na realidade existem ou existiram, são designados pelos seus nomes verdadeiros.
>
> (Nota do Autor)

Aqui, a observação é creditada ao "Autor", mas não se trata do "autor-pessoa", não se trata definitivamente de Érico Veríssimo. Ainda que a citação fale em "romance" e em "personagens", que denunciam, digamos assim, um campo mais ligado ao mundo literário (atravessado aqui pelo discurso didático), e tendêssemos a creditá-la ao "escritor", defrontamo-nos já com um "autor-criador", assumindo a posição de um outro eu. Esta "Nota do Autor", geralmente lida e deixada de lado, aponta para o predomínio da ironia, como processo de construção do sentido de todo o discurso do romance.

A troco de quê um escritor/autor precisaria nos informar que "personagens e localidades imaginárias aparecem disfarçadas sob nomes fictícios", a não ser que pretendesse dizer o oposto do que enunciou, a não ser que tivesse intenção de confundir já a partir da "Nota", subvertendo as lógicas da realidade e da ficção, misturando planos, brincando de falar a verdade mentindo, e de mentir falando a verdade? Nesta "Nota do Autor", portanto, aparece um importante direcionamento para a leitura de *Incidente em Antares*, dando mostras de que este tipo de paratexto cumpre mesmo a função de moldura para o grande painel que o romance pintará.

Dada a condição de zona de fronteira, nem sempre é simples atribuir a autoria do paratexto (sobretudo se a obra transita e não pretende se ajustar à estabilidade do cânone, à condição mais ou menos estável da tradição literária). Autor e autoria tendem a se dissociar, quando o discurso literário entra em cena.

Charaudeau e Maingueneau (2008, p. 367-368), na retomada da noção de "paratextualidade", dão muito bem conta de mostrar que inúmeros teóricos já discutem desde a década de 1970 as margens textuais (título, subtítulo, indicação ou não de gênero, prefácio, dedicatória, data, coleção, escolha icônica, capa, encarte, pontuação gráfica etc.) e suas funções. Sem entrar no mérito da precisa denominação de cada conjunto de códigos, o certo é que alguns são mais e outros são menos reguladores da leitura do texto.

Para permanecer ainda no âmbito das *memórias*, pensemos nas *sentimentais de João Miramar*, de Oswald de Andrade, e na quantidade de seus paratextos.

O livro, publicado no Brasil em 1924 – depois de Oswald de Andrade retornar de uma longa viagem à Europa – apresenta local e data para o término da composição do texto: "*Sestri Levante – Hotel Miramare*". Uma pergunta vem à tona imediatamente: a data se refere à finalização da escritura do texto ou à da escritura de todo o texto? A resposta pode sugerir uma contingência ou um confinamento em relação ao autor. O conhecimento do "local" pode lançar luzes sobre algumas imagens contidas no corpo do texto produzido.

As informações contidas no final do romance dizem respeito ao "autor-pessoa". Estariam, portanto, mais intimamente ligadas ao homem, na condição de burguês, instalado em bons hotéis italianos. No entanto, o final do texto liga o romance de alguma forma à Itália recriada. Diz-nos o "autor-criador", na voz de seu narrador, sobre sua própria peça literária (com a qual, afinal, entramos em contato): "O meu livro lembrou [...] Virgílio, apenas um pouco mais nervoso no estilo" (1990, p. 107).

O paratexto, em certa medida, invade o texto, mas retorna a ele mesmo por força também da alusão feita no texto, apontando, ambos, para um desnorteamento e uma irreverência. Desta maneira, o tom do discurso inscreve a feitura da obra no espaço vanguardista e iconoclasta do início do século XX. Assentar o escrito num espaço e num tempo determinado é fazê-lo dialogar, ainda que não queira, com o entorno espacial e temporal sugerido pela voz do "autor-criador" e, por isso, torna-se um código relevante e orientador de sentidos. O "autor-criador" está enfronhado no "momento futurista".[8]

Esta obra de Oswald traz ainda uma dedicatória: "Para Tarsila do Amaral e Paulo Prado". Os dois nomes são de pessoas ligadas ao movimento do Modernismo brasileiro e, portanto, das relações pessoais de Oswald. São pessoas cultas e afinadas com as ideias artísticas prenunciadas pelos movimentos de vanguarda. A dedicatória, portanto, deve ser atribuída à voz do escritor. No entanto, não parece ser a mesma posição ocupada pela voz que enuncia as epígrafes, pois elas chamam, sobretudo, a atenção do leitor para o que ele vai encontrar na produção do "autor-criador". O que quero dizer não é novidade: o "autor-criador" assume como suas as ideias contidas nas falas dos textos das epígrafes.

Sem me alongar muito nesta obra de Oswald, convém lembrar que ela apresenta duas epígrafes emblemáticas. A primeira foi retirada de *O Uraguai*, de Basílio da Gama: "Possa entanto acostumar ao voo as novas asas, em que um dia vos leve" (1990, p. 39), estabelecendo explicitamente um território inicial para um texto que se pretende inovador, experimental, de ruptura. A segunda epígrafe foi retirada de *Arte de furtar*: "E se achar que falo escuro não mo tache, porque o tempo anda carregado; acenda uma candeia no entendimento..." (op. cit., p. 41). Ela configura um diálogo muito direto com um leitor (ou seria esta epígrafe endereçada pelo escritor aos críticos?). Ao se valer de uma citação retirada de um texto que pretendeu, de certa forma, debochar da rigidez formal, da oficialidade, da normalidade estabelecida em sua época, pode-se dizer que *Memórias sentimentais de João Miramar* se encontra num determinado eixo da paródia, servindo como alavanca para desdenhar dos rigores acadêmicos vividos por artistas no início do século XX.

Mas Oswald de Andrade parece não ter se contentado com estes signos. Não bastassem todos estes elementos gravitando em torno do texto, o livro apresenta

---

8 Utilizo a expressão "momento futurista" para designar, sobretudo, as duas primeiras décadas do século XX europeu, quando as manifestações artísticas estavam a cargo do Cubismo, do Futurismo, do Dadaísmo, do Surrealismo e tantos outros. (Cf. PERLOFF)

um outro texto, chamado "À guisa de prefácio". Trata-se de um falso prefácio, assinado por um pseudocrítico: Machado Penumbra (op. cit., p. 43-44). Com o procedimento, voltamos às questões propostas para *Memórias póstumas de Brás Cubas*. No romance realista, o personagem-narrador, como "escritor", assina o "prólogo". No romance modernista, o "autor-criador" se instala, de certa forma, heteronimicamente, para validar a sua própria escritura.

Vê-se que os paratextos validam certas leituras, circunscrevem e orientam outras. Desprezá-los pode significar a perda de luzes importantes para um percurso interpretativo. Assim, podem ser um dado sinalizador para os limites de um "dentro" e de um "fora" do texto (ainda que não seja tão fácil estabelecer essas marcas divisórias, quando se trata do texto literário) e, por isso, gostaria de discutir ainda, aqui e de passagem, essa sua noção de limite.

Geralmente, o limite do texto escrito é dado por uma espacialização, uma disposição gráfica, conformada, por convenção, pela pontuação. Daí que, se um texto despreza a convenção e não quer ser pontuado pelas limitações impostas pelas regras, instala-se uma ausência e a ausência é uma presença que precisa ser lida/interpretada. Da mesma maneira que a ausência de título para um poema, por exemplo, deve ser lida.

Um texto escrito tem um suporte, uma ocupação física limitada, por certo, ainda que às vezes alguns autores, insurgindo-se contra esta (condição de) limitação gráfica – atributo da "coisa", do "objeto" – e numa tentativa de fazer avançar as cercas do latifúndio da criação, queiram nos convencer de que "seu texto" não começa nem termina ali. Penso, ao dizer isto, nos inúmeros poemas modernos em que, por exemplo, não há letra maiúscula no verso inicial nem ponto final (ou outra notação gráfica) no término do texto, como, por exemplo, o longo "Poema sujo", de Ferreira Gullar (s/d., p. 297-389). Lembro também alguns escritos – *Uma aprendizagem ou O livro dos prazeres*, de Clarice Lispector (1982), por exemplo – nos quais os autores anseiam pelo apagamento dos sinais de início e de fim do processo textual concreto, objetivando um alargamento da expressão artística[9].

Estes criadores, ao cabo de tudo, sugerem que não fiquemos na "fôrma" que temos diante de nós e olhemos para um *espaço outro*, maior, que extrapola aquele do suporte físico. Não seria esta uma maneira de um autor estar orientando um percurso de leitura? Certamente, o alcance de um texto escrito, visto como espaço de significações, vai muito além de suas fronteiras espaciais, justamente pela necessidade que tem de manter relações diversas com o mundo. Abrir-se para o mundo, ainda que por meio de uma pequena fresta, é condição essencial de qualquer texto.

---

9 O romance citado começa exatamente da seguinte maneira: ", estando tão ocupada, viera das compras de casa que..." (p. 11) e termina com "...porque ele estava sofrendo de vida e de amor, eu penso o seguinte:" (p.174).

Entretanto, há escritos – e aqui estou me referindo àqueles criados com o fito de serem *literários* – cujo suporte físico trazem inscrita de forma muito explícita uma trajetória de leitura. Para falar deles, vou me restringir a dois exemplos no campo da poesia, um é de Manuel Bandeira e o outro, de Murilo Mendes.

Manuel Bandeira (1886-1968) e a poesia desentranhada

Em *Opus 10*, o poeta Manuel Bandeira (1993, p. 216) insere este poema:

"Poema encontrado por Thiago de Mello no *Itinerário de Pasárgada*"

> Vênus luzia sobre nós tão grande
> Tão intensa, tão bela, que chegava
> A parecer escandalosa, e dava
> Vontade de morrer.

O prosaico título do texto de Bandeira é revelador da sua relação dialógica e sinaliza, com isso, para uma possibilidade de leitura muito profícua desta condição. Primeiramente, o paratexto revela a origem do texto poemático, na condição de "poema" que foi desentranhado de uma outra realidade textual, o livro do próprio Manuel Bandeira, *Itinerário de Pasárgada*. Em segundo lugar, o título dá crédito ao autor da "descoberta" do poema, ou seja, revela que um outro poeta, ao ler um texto em prosa, nele percebeu a densidade poética de um trecho que se encontrava por acaso numa determinada "fôrma", mas pedia outra.

O *Itinerário de Pasárgada* é obra em que o escritor (bem como o poeta e o tradutor) fala sobre o ato de escrever, de traduzir, de criar, mas, ao falar sobre o processo de criação, em nenhum momento se afasta da sua rica vivência pessoal. É assim que conhecemos um pouco mais sobre a sua infância, sua família, suas deficiências, seus amigos, suas reflexões, a arte literária, enfim, sobre tudo aquilo que dá consistência ao pensamento do homem Bandeira até aquele momento[10]. No *Itinerário*, Manuel Bandeira (1984, p. 98), ao comentar sobre a origem de um de seus poemas ("Oração no Saco de Mangaratiba"), diz o seguinte:

> Em 1926 passei duas semanas num sítio distante de Mangaratiba umas duas horas de canoa. A ida para lá, noite fechada ainda, foi a viagem mais bonita que fiz na minha vida. Vênus luzia sobre nós tão grande, tão intensa, tão bela, que chegava a parecer escandalosa e dava vontade de morrer (daquela hora é que iria sair o título do meu livro seguinte: *Estrela da Manhã*).

---

10 O *Itinerário de Pasárgada* veio a público em 1954.

Percebe-se, na análise geral da narrativa destas memórias, que Manuel Bandeira condensa nelas também uma teoria poética. O poeta pernambucano expõe o que pensa a respeito da "poesia", do "poema", do "verso livre", do "Modernismo" e de tantas outras questões literárias. O título do poema que estamos lendo, portanto, nos remete a ela e ela, por sua vez, nos lança de volta ao poema, num intercâmbio de informações importantes.

Mais do que revelar a gênese do poema, este paratexto – visto como inseparável do texto –, já na sua camada linguística superficial, acaba nos remetendo a dados de "fora" do texto, mas que são relevantes para chegarmos a uma compreensão mais profunda dele. Isso porque ele inscreve duas dimensões. A primeira é a de uma existência real, histórica de um "autor-criador" que é um escritor na instituição literária brasileira; aparece aí um sentido de "humanidade" muito forte, plantando o longevo poeta no solo da existência real do século XX, com seus medos, suas dúvidas, suas angústias e suas alegrias. É justamente esta "humanidade", esta sinceridade poética conseguida graças a uma laboriosa simplicidade, uma das marcas singularizadoras da poesia de Bandeira.

A segunda dimensão é a de que a poesia está nas palavras, sim, mas é um pouco uma linguagem ordinária que se desloca, que se destaca, que emerge, que pode, inclusive, se encontrar na prosa, ser criada inconscientemente ou por acaso, quase ganhando vida por si mesma.

Resta acrescentar ao dito que, ao transportar para o seu livro de poemas o texto encontrado por Thiago de Mello (ou melhor, por um leitor), Manuel Bandeira aceita humildemente um coautor para o texto, além de avalizar o juízo de valor do outro, ratificando a sua leitura/interpretação. O poeta também acaba nos dizendo que a apreensão da poesia (e sua fruição, é claro) também depende da subjetividade, da individualidade. Talvez mais do que isso: que a poesia pode ser sentida como o resultado de um encontro feliz entre duas sensibilidades, a do autor-criador (da forma) e a do leitor, mas que nem sempre quem escreve, no momento em que faz isso, percebe a existência da poesia.

Murilo Mendes (1901-1975) e o essencialismo

O texto, a seguir transcrito, dedicado por Murilo Mendes a Aníbal Machado, recebeu do autor-criador o título de "Poema essencialista" e faz parte do livro *Tempo e Eternidade*, publicado em 1935 (obra que teve a coautoria de Jorge de Lima):

A madrugada de amor do primeiro homem
O retrato da minha mãe com um ano de idade

> O filme descritivo do meu nascimento
> A tarde da morte da última mulher
> O desabamento das montanhas, o estancar dos rios
> O descerrar das cortinas da eternidade
> O encontro com Eva penteando os cabelos
> O aperto de mão aos meus ascendentes
> O fim da ideia de propriedade, carne e tempo
> E a permanência no absoluto e no imutável.

Como ocorre quase sempre com os textos murilianos, ficamos enlevados com a estabilidade da sintaxe, com a prosódia, com o andamento do ritmo, mas desnorteados com a instabilidade semântica. Acrescente-se que, do ponto de vista lexical, não há sequer um vocábulo que não faça parte do repertório de um leitor médio.

Sem destoar muito de uma grande quantidade de poemas do autor, "Poema essencialista" chama a atenção, inicialmente, pela estável e regular estruturação sintática. Excetuando-se a forma do verbo "pentear" no gerúndio ("O encontro com Eva penteando os cabelos"), processo sintático-semântico que cumpre forte função adjetiva, todos os versos repousam sobre as ideias substantivas, mesmo no caso de "*o estancar* dos rios" ou "*o descerrar* das cortinas...". Em relação à ideia de movimento, predomina, em razão deste estrato mórfico, um quadro pouco dinâmico.

Os versos, devido à estaticidade referida, lembram a consistência da imagem fotográfica. A configuração visual é tão sensível que o leitor tem a sensação de estar diante de uma grande tela formada por inúmeros recortes de diferentes espaços e de diferentes momentos. Seres históricos e míticos, o plano da realidade e o da ficção, a ideia de início e a de fim, tudo parece ter convergido para um *locus* absoluto, como enuncia o derradeiro verso do poema.

A colagem – utilizada nas experimentais artes pictóricas das vanguardas históricas – parece servir ao "autor-criador" como técnica de composição do seu texto. O poema, como objeto fechado em si, é um bloco único de texto que tem seu início em "A madrugada" e só termina em "... no imutável."

Tendo falado a respeito do poema de forma muito geral, retomo agora o seu título, "Poema essencialista", o orientador de nossa leitura, pois este paratexto teve o condão de me remeter a uma filosofia de vida, o "Essencialismo", cuja contextualização faço a seguir.

Murilo Mendes, durante o ano de 1948 e em janeiro de 1949, publicou em *O Estado de S. Paulo* e em *Letras e Artes*[11], uma série de artigos cujo conteúdo é uma síntese da sua admiração pela figura emblemática do amigo e pintor (e também desenhista, dançarino, poeta, filósofo, cenógrafo, ilustrador...) Ismael Nery (1901-1934), a quem conhecera em 1917. Em 1996, com prefácio do crítico Davi

---

11 Suplemento de *A manhã* (RJ).

Arrigucci Jr., estes textos foram publicados sob o título de *Recordações de Ismael Nery*. A leitura desses escritos nos revela que eles são um retrato da intensa, profunda e sincera relação de amizade estabelecida entre o poeta mineiro e o artista plástico. No entanto, na boa fala de Arrigucci Jr., são mais do que isso: o conjunto "pode valer com um precioso elemento de auxílio no reconhecimento crítico do pintor Ismael e do poeta Murilo, pois a ambos ilumina separada e mutuamente, enquanto homens e artistas" (1996, p. 17).

Ainda que o livro não contivesse explicitamente a exposição das ideias de Ismael Nery, ou melhor, não fosse a condensação das impressões de Murilo Mendes sobre as ideias de Ismael, poderíamos tomar a obra como um instrumental analítico auxiliar de compreensão da poética de Murilo. Os livros de prosa do autor – dentre os quais podemos destacar, sobretudo, *Retratos-relâmpago, A invenção do finito, Janelas verdes, Conversa portátil e Papiers*[12] – revelam um grande pensador e um crítico afinadíssimo com a matéria de sua crítica, mas, ao mesmo tempo, inscrevem claramente um teorizador sobre a própria escritura.

Das *Recordações de Ismael Nery*, nesta oportunidade, interessam-me algumas considerações de Murilo Mendes a respeito da concepção filosófica batizada pelo próprio Murilo de "Essencialismo", ainda que não se tenha claramente definido até hoje o que veio a ser este sistema de pensamento.

Em uma das crônicas[13], Murilo Mendes diz:

> Aqui tocamos o ponto central da doutrina de Ismael Nery: de fato o sistema essencialista é baseado na abstração do tempo e do espaço. [...] Segundo o próprio Ismael, o sistema essencialista era em última análise uma preparação ao catolicismo. [...] O mal do homem moderno consiste em fazer uma construção do espírito dentro da ideia do tempo. Ora, o tempo traz no seu bojo a corrupção e a destruição (1996, p.48).

O "Poema essencialista", pelo que se deduz da leitura que acabamos de fazer, adota a abstração total de tempo e de espaço. Esta abolição propicia a aproximação entre seres que fisicamente não poderiam pertencer ao mesmo tempo ou estar no mesmo espaço. A partir da adoção deste "sistema", é possível conceber a imagem do eu-lírico no mesmo tempo-espaço indefinido em que estão o primeiro e o último homem, a primeira e a última mulher, a madrugada e a tarde, todas as pessoas da mesma família. Plasmado nas concepções religiosas – como as de instalação de um não-tempo ou um tempo sem começo nem fim (a eternidade),

---

12 Apenas a primeira série de *Retratos-relâmpago* teve publicação em livro individual, em 1973 pelo Conselho Estadual de Cultura de São Paulo. A segunda série somente veio a público na edição de *Poesia completa e prosa* (1994), na qual também aparecem os demais livros referidos.

13 No suplemento carioca *Letras e Artes*, o texto foi publicado em 11 de julho de 1948. Em *O Estado de S. Paulo* foi publicada em 30 de julho do mesmo ano.

assim como as de abolição dos sentimentos pedestres ligados à carne e aos bens materiais –, o texto é quase a profissão de uma fé.

O título "Poema essencialista" orienta uma relação com todo um arsenal de pensamentos que dão sentido às imagens do poema. Assim como no título do poema de Bandeira, este paratexto direciona, em grande medida, a leitura/interpretação do leitor, conduzindo-o por caminhos, senão mais garantidores do sentido pretendido pelo "autor-criador", pelo menos não tão obscuros. Os paratextos, se bem entendidos e aproveitados, podem ser um ponto de partida e uma ancoragem mais segura para o leitor.

Arrematando as ideias

"Levantar os fatos textuais pelos quais uma obra programa sua leitura não pode ser mais que um momento da análise", lembra-nos Vincent Jouve (2002, p. 144). De fato, o ato de leitura envolve um complexo sistema que solicita de nós um envolvimento racional-intelectual e emocional-afetivo que extrapola muito a simples descodificação de signos.

Cada "autor-criador" inscreve, no ato de linguagem, o posicionamento de um eu em razão de uma posição assumida, da qual fala e com a qual entramos em contato, também, nós, com nossas informações, nossas vivências e nossos posicionamentos ideológicos. Cercar-nos de dados a respeito dos paratextos pode nos dar a segurança de uma leitura mais produtiva em relação ao texto com o qual entramos em contato.

A fruição estética de qualquer texto literário – assim como de qualquer obra de arte – deve começar, evidentemente, de um gosto pessoal. É preciso afinar-se inicialmente com o texto, com seu estilo, com seu discurso, com a sua voz. Esta é a porta de entrada para aquela descomprometida leitura primeira, fundamental, íntima, de descoberta pessoal, intraduzível. Depois dela, todos os recursos são bem vindos para ajudar no entendimento da organização deste mundo (de)formado pela linguagem. O estudo dos paratextos representa uma parte muito pequena, mas seguramente também muito importante deles.

Referências bibliográficas

ANDRADE, Oswald de. *Memórias sentimentais de João Miramar*. 2. ed. São Paulo: Globo: Secretaria de Estado da Cultura, 1990. (Obras completas de Oswald de Andrade)

ARRIGUCCI JR., David. Entre amigos. In: MENDES, Murilo. *Recordações de Ismael Nery*. 2. ed. São Paulo: Editora da Universidade de São Paulo, 1996. (Críticas poéticas, 4). p. 9-20.

ASSIS, Machado de. *Memórias póstumas de Brás Cubas*. São Paulo: Círculo do Livro, s/d.

AUTHIER-REVUZ, J. Dialogisme et vulgarisation scientifique, *Discoss*, 1, 1985, p. 117-122.

BANDEIRA, Manuel. *Estrela da vida inteira*. 20. ed. Rio de Janeiro: Nova Fronteira, 1993.

_____. *Itinerário de Pasárgada*. 3. ed. Rio de Janeiro: Nova Fronteira; [Brasília]: INL, 1984.

BARROS, D. L. P. Dialogismo, Polifonia e Enunciação. In: BARROS, D. L. P. e FIORIN, J. L. (org.). *Dialogismo, Polifonia, Intertextualidade*: em torno de Bakhtin. 2. ed. São Paulo: Editora da Universidade de São Paulo, 2003. p. 1-9.

CHARAUDEAU, P. e MAINGUENEAU, D. *Dicionário de Análise do Discurso*. Coordenação da tradução Fabiana Komesu. 2. ed. São Paulo: Contexto, 2008.

FARACO, Carlos Alberto. Autor e autoria. In: BRAIT, Beth (org.). *Bakhtin*: conceitos-chave. 2. ed. São Paulo: Contexto, 2005. p. 37-60.

GULLAR, Ferreira. *Toda poesia* (1950-1980). Introdução Sérgio Buarque de Holanda. São Paulo: Círculo do Livro, s/d.

JOUVE, Vincent. *A leitura*. Tradução Brigitte Hervor. São Paulo: Editora Unesp, 2002.

KRISTEVA, Julia. *Introdução à semanálise*. Tradução Lúcia Helena França Ferraz. 2. ed. São Paulo: Perspectiva, 2005. (Debates, 84)

LISPECTOR, Clarice. *Uma aprendizagem ou O livro dos prazeres*. 9. ed. Rio de Janeiro: Nova Fronteira, 1982.

MAINGUENEAU, Dominique. *Discurso literário*. Tradução Adail Sobral. São Paulo: Contexto, 2006.

_____. *Termos-chave da Análise do Discurso*. Tradução Márcio Venício Barbosa e Maria Emília A. Torres Lima. Belo Horizonte, MG: Editora da UFMG, 2000.

MENDES, Murilo. *Poesia e prosa completa*. Volume único. Organização e preparação do texto Luciana Stegagno Picchio. [Reimpressão da] 2. ed. Rio de Janeiro: Nova Aguilar, 1995.

_____. *Recordações de Ismael Nery*. 2. ed. São Paulo: Editora da Universidade de São Paulo; Editora Giordano, 1996. (Críticas poéticas, 4)

PAREYSON, Luigi. *Os problemas da estética*. Tradução Maria Helena Nery Garcez. [2a. tiragem da] 3. ed. São Paulo: Martins Fontes, 2001. (Ensino superior)

PERLOFF, Marjorie. *O momento futurista*: avant-garde, avant-guerre, e a linguagem de ruptura. Tradução Sebastião Uchoa Leite. São Paulo: Editora da Universidade de São Paulo, 1993. (Texto & Arte, 4)

Paulistas, índios administrados e Jesuítas na América Portuguesa de fins do século XVII[1]

Juarez Donizete Ambires

[1] O presente texto remete a conteúdos de trabalho acadêmico defendido em outubro de 2000. P/ cf. busque-se: Ambires, Juarez Donizete. *Os jesuítas e a administração dos índios por particulares em São Paulo, no último quartel do século XVII*. Dissertação de mestrado, FFLCH/USP, 2000.

Este artigo é oferecido à amiga e sempre professora Diva Valente Rebelo, mestra de vida, de sensibilidade e gosto pela leitura.

Bem para os fins do século XVII, o paulista está obtendo, e pelas vias legais, a prerrogativa de administrador direto de índios. O fato é o indicativo do grau de organização que o colono da capitania meridional atingia no término do século em referência, o segundo da América Portuguesa[2]. Seria também a culminância de uma série de realizações engendradas pelo mesmo paulista ao longo da centúria em questão, um dos períodos de excelência das gentes de São Paulo[3].

A situação referida, contudo, não implicará a defesa da ideia de que o paulista possua, à ocasião, um espírito autonomista (conceito que já foi, para o que nos consta, do interesse de alguns[4]), um *éthos* próprio[5]. O paulista que enfocamos – mormente o mais mercantilizado nos fins do século XVII – é, em sua essência e em nosso texto, produto e resposta concomitantes de um meio que é a América Portuguesa com suas peculiaridades internas, muito marcadas pelo econômico e uma geografia que, apesar de vasta, condicionou espacialmente a ação dos colonos da capitania do sul.

Ainda quanto à situação do paulista administrador, esta chamou à cena, à mesma época, a Companhia de Jesus, estrutura em sua lógica afeita ao trabalho missionário e preocupada com os destinos do silvícola e órgão que se fende ante o pedido de Piratininga. Surgiram e posicionaram-se no acontecimento dois grupos inacianos em divergência. Um deles será de apoio ao paulista e à sua reivindicação; o outro, contrário.

I

Imaginar o paulista do século XVII é essencialmente resgatar a sua relação de dependência da mão-de-obra índia, realidade que muito o marcará em sua constituição física e cultural e, na opinião de estudiosos, o afastará dos caminhos da verdadeira mercantilização que, em tese, é o escravo negro[6].

---

2   Usamos o termo "América Portuguesa" por o achar o mais apropriado; em nossa análise, falar em "Brasil", nesta época, seria um anacronismo; quando muito, em nossa opinião, poder-se-ia usar o nome, desde que o enxergássemos – o Brasil do episódio – em sua pré-história.
3   Empregamos o vocábulo "gentes", querendo com o plural aludir no caso a paulistas de diversas procedências da capitania: litoral, vale do Paraíba, interior, planalto, etc, mas agremiados na câmara da vila de São Paulo e por ela representados. Quanto ao termo "paulista", empregamo-lo sem receio de anacronismo, pois já é de uso corrente no próprio século XVII. P/ cf. busque-se: Ambires, Juarez Donizete. "O vocábulo paulista e algumas de suas implicações". *Revista Histórica*. São Paulo: Imprensa Oficial, nº 13, jan/fev/mar 2004, pp. 56-60.
4   Na circunstância estamos na referência de historiadores do Instituto Histórico e Geográfico de São Paulo, nos inícios do século XX. Presentemente, um dos defensores da associação "paulista e dinâmica autonomista" é Luiz Felipe de Alencastro, no seu *O trato dos viventes*. Na ocasião de nosso interesse – século XVII -, fala em "espírito autônomo do paulista" e nele crê o governador da Bahia (entre 1694 e 1702) D. João de Lencastre, relacionando o fato à prática do cativeiro indígena. P/ cf. busque-se: Alencastro, Luiz Felipe de. *O trato dos viventes. A formação do Brasil no Atlântico Sul*. São Paulo: Companhia das Letras, 2000, p. 139.
5   Temos certa reserva à postura apologética de muitos historiadores quanto ao paulista do período em questão. Já *éthos*, entendemos o termo como equivalente a "conjunto de costumes e hábitos fundamentais, no âmbito do comportamento e da cultura".
6   Um dos estudiosos do tema e seu defensor é Alencastro. P/ cf. busque-se: Alencastro, Luiz Felipe de. *O trato dos viventes. A formação do Brasil no Atlântico Sul*. São Paulo: Companhia das Letras, 2000, 350 p.

O contato com o índio e a exploração de sua força de trabalho, entretanto, projetarão o paulista no cenário da América Portuguesa. As práticas propiciarão a este colono o destaque em atividades econômicas diversas, cujo resgate, mesmo que em expressão generalizada, sempre é necessário que se faça, para a compreensão da imagem do dileto vassalo que é aura que cerca o paulista na apreciação que a coroa dele faz, nos fins do século XVII.

Em meio a tal circunstância, o primeiro destaque cabe às atividades agrícolas do colono do sul, trabalho e resultado que transformam a capitania, no episódio, em celeiro da colônia e mesmo de outras paragens, em largos episódios do século em questão[7].

A condição de abastecedor da colônia, todavia, é primado que se edifica sob largos investimentos e a ação das bandeiras de apresamento foi vital para esta empresa que, tal como a de submetimento de índios, conheceu o melhor de seu desenvolvimento ainda na primeira metade do século XVII.

Na cronologia, ocorrem diversos episódios de truculentos ataques de bandeirantes paulistas às missões do Tape e Guairá, para de lá trazer a São Paulo (e na capitania fazê-la permanecer) a mão-de-obra índia (mormente a Guarani), já ao menos minimamente qualificada com a assimilação de técnicas agrícolas ensinadas pelo jesuíta.

Com o inaciano, o paulista apreador está, desde o século XVI, em constantes confrontos pela posse dos índios, pivô que leva o raptor a julgar o jesuíta um inimigo e, de um ponto de vista estritamente econômico, um forte e privilegiado concorrente comercial e agrícola[8]: o religioso trazia por legislação a força índia de trabalho atrelada a si, nas prerrogativas da evangelização ou da empresa missionária.

Deste modo, na afirmação de sua empresa agrícola, o paulista vê o jesuíta como adversário e, na capitania meridional, vive e reproduz um embate que se tornará clássico: o da acirrada animosidade contra o missionário.

A circunstância, entretanto, não se restringe ao paulista. Ela seria de todo o colono dependente do silvícola e viria dos idos de Nóbrega, quando, principalmente na Bahia, firmavam-se as primeiras experiências do trabalho missioneiro e já as primeiras sabotagens perpetradas por colonos[9].

Nesta linha de raciocínio, cabe ainda afirmar que, via ação do mesmo colonato

---

7 Alencastro mencionará a exportação paulista para Angola de animais de carga e carne, acompanhados de produtos agrícolas. P/ cf. busque-se: Alencastro, Luiz Felipe de. *O trato dos viventes. A formação do Brasil no Atlântico Sul*. São Paulo: Companhia das Letras, 2000, p. 206.
8 *Negros da terra*, de John Monteiro, é excelente estudo sobre a economia paulista no século XVII. O parecer do jesuíta concorrente é de sua alçada. P/ cf. busque-se: Monteiro, John M. *Negros da terra. Índios e bandeirantes nas origens de São Paulo*. São Paulo: Companhia das Letras, 1995, pp. 17-128.
9 P/ cf. busque-se: Schwartz, Stuart B. *Segredos internos. Engenhos e escravos na sociedade colonial*. São Paulo: Companhia das Letras, 1999, pp. 21-73.

dependente, a legislação indigenista sempre foi, na América Portuguesa, burlada, transformada em letra morta[10].

Nesta prática o paulista em seu cotidiano se especializou, assumindo como componente desta vivência a repressão aos religiosos que expressassem contrariedade ou indignação às suas atividades de apresamento e submetimento de índios.

Tal situação concretiza-se, para exemplo, no embate de 1640, episódio em que paulistas expulsam do colégio jesuíta de sua vila os inacianos ali radicados. À ocasião, os padres se tornam vítimas do repúdio ao jesuíta espanhol que articulara, após os ataques às geografias missionárias sob sua jurisdição, o breve de Urbano VIII, de 1639, que libertava do julgo dos colonos todos os índios principalmente os submetidos pela força – os índios de cativeiro não justificado.

Em paralelo, os mesmos jesuítas investem no repúdio ao paulista, imputando-lhe uma aura negativa e a divulgando. Esta imagem a historiografia chamará de "lenda negra", expediente que se ocupa em apresentar o colono hostil como o facínora, como o herege inimigo de padres e índios, como o híbrido de fera e gente, repertório de que, antes do paulista propriamente, já usufruía o português ante olhos de autoridades espanholas, mormente na parte centro-sul da América Castelhana. Na geografia, a ação lusa fazia-se sentir pelo comércio[11] e por ações menos lícitas, como a invasão do espaço missionário e o contrabando, atividades que envolveram paulistas, também chamados pelo vizinho de "os portugueses de São Paulo".

Sob toda esta tensão é que paulistas tornam-se também grandes produtores de gêneros de subsistência (milho, feijão, mandioca, trigo, legumes) que abastecem a capitania e diversas partes do Estado do Brasil. Seria exemplo deste recebimento o Nordeste que, apesar de todos os embates pelos quais passa ao longo do século XVII, mantém-se aplicado à produção açucareira em seu litoral.

A produção paulista de víveres, assim, condiciona o colono do sul e circunscreve-o, inibindo-lhe a participação em outros eventos também de importância, como foi, à época, a retomada de Angola[12].

A empresa fica, naquele episódio, a encargo de outros grupos organizados da colônia. A ausência paulista no acontecimento está em parte se justificando com o empreendimento da "bandeira dos limites" (1648 – 1651) que, durante três anos e pouco, atravessa o centro-oeste e revela aos articuladores liderados por Raposo

---

10 A expressão "letra morta" é usada por Beatriz Perrone-Moisés, para designar o descaso do colono à legislação indigenista e seu cumprimento. P/ cf. busque-se: "Índios livres e índios escravos: os princípios da legislação indigenista do período colonial (séculos XVI a XVIII)". In: Cunha, Manuela Carneiro (org.). *História dos índios no Brasil*. São Paulo: Companhia das Letras, 1998, pp. 115-132.
11 P/ cf. busque-se: Canabrava, Alice Piffer. *O comércio português no Rio da Prata* (1580 - 1640). Belo Horizonte: Editora Itatiaia Ltda, 1984, 201 p.
12 Quanto ao assunto pronuncia-se Alencastro no seu *O trato dos viventes*. Outra conveniente leitura será Boxer. P/ cf. busque-se: Boxer, Charles. *Salvador de Sá e a luta pelo Brasil e Angola*. 1602 – 1686. São Paulo: Companhia Editora Nacional/Editora da Universidade de São Paulo, 1973, 463 p.

Tavares o cerne do território da colônia e a inexistência, nas áreas percorridas, de concentrações indígenas similares às do Paraguai[13].

O conhecimento do fato é de importância para uma economia visceralmente atrelada ao silvícola e o colono meridional necessitou incursionar mais e mais para a sua obtenção. O recuo nestas entradas somente ocorreu ante a muralha da floresta amazônica, limite que revela o paulista andarilho como complexo humano e cultural mais congraçado aos campos, cerrados e rios do centro-sul[14].

Aspecto relevante ligado a todas estas circunstâncias seria o de que os paulistas do episódio emprestam a elas um caráter econômico. Com sua organização, centrada primordialmente na câmara da vila de São Paulo[15], apesar de suas muitas procedências, eles conseguem deitar a marca da prestação de serviços a todas. Por isto, vêm a gozar de reconhecimento e, na extensão, prestígio junto a autoridades da colônia e mesmo da metrópole, em órbita que só faz crescer, à medida que a diversificação e a presteza dos serviços se avolumam, ganhando o terreno do elogio escrito, indiscutível contraponto à mencionada lenda negra[16].

Assim, em fato concreto, está o paulista não só na agricultura, mas também na empresa da captura de índios, na pastoril ou do criatório animal, na de aplacador de sublevações índias e de negros quilombolas, por fim, na de busca do ouro e pedras preciosas, mister que, quando concretizado, firmou sobre o mesmo paulista[17] o reconhecimento régio e a imagem do vassalo a quem, por conta de seus serviços, nada se nega.

Na prerrogativa, encontra-se a situação de administrador direto de índios – seres cuja tutela quem detém historicamente é a Companhia de Jesus, em parte diretamente atacada, em fins do século XVII, com a concessão alcançada pelo paulista.

Diversos mostram-se, pois, os fatos que cercam o pedido de administração direta. Estudá-los seria, então, reconhecer a eficaz organização de um colonato e o possível anúncio de novos tempos que ele ajuda a engendrar no intrincado das práticas e representações da América Portuguesa.

---

13   P/ cf. busque-se: Alencastro, Luiz Felipe de. *O trato dos viventes. A formação do Brasil no Atlântico Sul*. São Paulo: Companhia das Letras, 2000, p. 237.
14   P/ cf. busque-se: Bertran, Paulo. "História e ecologia humana". *Revista História Viva*. São Paulo: Abril Cultural, ano I, nº 09, julho/2004 p. 98.
15   P/ cf. busque-se: Monteiro, John M. *Negros da terra. Índios e bandeirantes nas origens de São Paulo*. São Paulo: Companhia das Letras, 1995, p. 132.
16   Na segunda metade do século XVIII, linhagistas ligados a São Paulo criaram e divulgaram a "lenda dourada" ou "áurea", rasgada oposição à "negra". Frei Gaspar da Madre de Deus é um deles. P/ cf. busque-se: Melo e Souza, Antonio Candido de. *Literatura e sociedade*. São Paulo: Companhia Editora Nacional, 1985, pp. 142-146.
17   Ao menos durante algum tempo.

II

Em 1696, o paulista obtém da coroa a prerrogativa de ser o administrador direto de seus índios. A concessão chega-lhe por intermédio de cartas régias, mais propriamente duas (as de 26 de janeiro e 19 de fevereiro), assinadas por D. Pedro II – o terceiro rei da dinastia de Bragança a governar Portugal e seu ultramar – monarca que, com seu gesto, sela uma negociação que já se estendia por mais de uma década. Por isto, para entendê-la, é preciso remontar ao início dos anos oitenta, episódio em que, por intermédio da câmara de Piratininga, os paulistas encaminham seu pedido.

Para bem da verdade, entretanto, faz-se necessário que, antes, se afirme que os colonos do sul não são na história da América Portuguesa os únicos a lançar tal reivindicação. O colonato da Amazônia também já o fizera. Em concomitância à solicitação paulista, reeditava seu pedido em seu estado que é o do Maranhão e Grão-Pará, cercania onde a luta pela posse dos índios foi também intensa, para não se dizer a mais acirrada.

A circunstância exigiu muito dos missionários que para a geografia do norte se encaminhavam, uma vez que já se estabelecera a triste correlação de que, nas terras setentrionais, trabalho missioneiro e martírio eram uma e mesma equivalência. Este foi o panorama que, para exemplo, circulava pelas casas jesuítas e principalmente na residência da Bahia, sede responsável pela articulação dos trabalhos e da existência inaciana pela América Portuguesa.

Apesar do mencionado, os paulistas foram, todavia, os primeiros em meio aos vários colonatos a obter a situação de administrador, estado que o poria em pé de igualdade com os administradores da América Espanhola, ali designados "encomenderos", os responsáveis pela "encomienda" – administração de índios ocorrente na parte hispânica desde o século XVI.

A nova situação jurídica do índio, contudo, em nada modificaria o regime em que ele sempre se encontrara. Os avanços do salário e da liberdade próprios do administrado, estes não se fariam sentir, mesmo das partes dos administradores de maior cabedal. Em meio a eles a prática sempre fora escravizar. O índio em São Paulo estava para bem que se comprava, se herdava, se legava, não obstante as afirmações em contrário.

John Monteiro em sua pesquisa referenda o indígena como propriedade, no cenário paulista à época da reivindicação. Antes de seus estudos, os de Alcântara Machado evidenciavam também o fato. O autor já se valia, na década de vinte do século passado, dos mesmos expedientes de investigação de Monteiro: ambos apreciaram inventários, testamentos e espólios do período[18], esforço que oferece

---

18 P/ cf. busque-se: Machado, Antônio de Alcântara. *Vida e morte do bandeirante*. São Paulo: Livraria Martins Editora, 1965, p. 21-41.

subsídios para a conclusão de que o estado de administrador tornou-se a expressão mais viva possível de uma posse efetiva e não relativa.

Mais endossando tal realidade, ainda confirmaria a verdade do caso o fato de o administrador contar com as prerrogativas legais até mesmo da catequese, o que viria a ser mais uma afirmação de que o índio administrado estava o mais afastado possível da hipotética proteção do religioso, mesmo havendo para o regime uma prelazia à disposição do silvícola, para ouvir-lhe reclamações e dar-lhe guarita em situação de necessidade.

Quando da solicitação paulista, as prévias constatações preocuparam autoridades da Companhia de Jesus, aferradas ao ideário da missão, ao trabalho catequético instituído nos valores de Nóbrega no primeiro governo geral, fato que levou a manifestações de descontentamento da parte deste conjunto.

Sabedores de tal contratempo, paulistas mercantilizados[19] e organizados buscaram apoio e, curiosamente, nos interiores da Companhia, vindo a encontrar nela grupo de dissidência que passa a apoiá-los em sua reivindicação. A já mencionada câmara da vila de Piratininga, espaço onde os mais abastados ocupavam os cargos públicos a ela adstritos e representavam suas vontades, fará a intermediação[20].

III

Aproximando-se da Ordem na busca de apoio para seu pedido, os paulistas solicitantes travam contato com a figura do provincial que é, segundo o costume vigente, autoridade a ser ouvida, quando o assunto é, nos meandros do colonial, o índio.

Em nosso raciocínio, esta aproximação está ocorrendo no começo da década de oitenta do século XVII e se intensifica no primeiro provincialato de Alexandre de Gusmão (1684 – 1688) que, primeiramente, envia à vila de São Paulo seu secretário (em terminologia da Ordem, sócio), para ouvir as partes.

O ano seria, nas indicações de historiador da Companhia[21], o de 1684 e George Benci, o representante do provincial, não teria chegado às terras meridionais sozinho. Acompanha-o à época Jacob Roland, jesuíta flamengo que será figura de importância no processo das negociações.

---

19 Os estudos de Ilana Blaj, voltados para a mercantilização de membros da comunidade paulista em fins do século XVII, são fidedigna fonte. Em trabalho direcionado ao tema, a autora centrou-se justamente nos quarenta anos que vão de 1681 a 1721, período que, na esfera colonial, ela considera o apogeu econômico da história da capitania meridional. P/ cf. busque-se: Blaj, Ilana. *A trama das tensões – o processo da mercantilização de São Paulo* (1681 – 1721). São Paulo: Humanitas/Fapesp, 2002, 394 p.
20 P/ cf. busque-se: Monteiro, John M. *Negros da terra. Índios e bandeirantes nas origens de São Paulo*. São Paulo: Companhia das Letras, 1995, pp. 61, 108, 113, 131, 132.
21 Serafim Leite.

Em São Paulo, Benci e o acompanhante, transitando entre a câmara e o colégio inaciano da vila, tomam o partido dos paulistas reivindicantes, lançando as bases de um acordo que, em sua significação, indica os solicitantes como probos e dignos de atendimento. Por extensão, também revela as tendências do grupo ao qual eles – os jesuítas ouvintes – pertencem.

Oriundos (vários deles) de nacionalidades distantes do processo colonial, o grupo é uma facção que, no seio da Ordem na América Portuguesa, está defendendo, na cronologia indicada, a ideia de que o projeto missionário não é atividade central da Companhia, supostamente a prática mais nobilitante em meio a seus serviços, no império ultramarino.

Não sem certa razão, os membros do grupo são em sua maioria estrangeiros – italianos particularmente e mesmo alemães[22] – que, entre indiferentes e alheios ao pacto colonial, não estão impregnados da ideia de que a Companhia é, com o trabalho missioneiro, o braço direito do estado, seriamente colaborando no acontecimento de sua razão.

Com sua atitude de apoio à reivindicação paulista, vê-se também como o grupo já está em sua mentalidade se distanciando do choque que, no século XVI, abalara todo o mundo católico: o nascimento e a perpetuação da igreja protestante[23].

Esta significação, por sua vez, é a que leva Inácio de Loyola a fundar a Ordem, com o propósito de combater as "heresias" luterana e calvinista, de alastrar o número de seguidores do papa e da Virgem[24], em seu sentimento de mundo baluartes da fé.

Inspirados neste exemplo, despontam (ainda no mesmo XVI) grandes jesuítas evangelizadores (Francisco Xavier que se dirige ao Oriente; Nóbrega e Anchieta, ao Brasil, e outros) que, no fervor missionário e ligando-se às lideranças de países colonialistas, ordenarão as primeiras atividades da Ordem.

Fundamente tocados pelo sentido da palavra "conversão", em seu trabalho também estarão impregnados da essência jurídico-teológica do termo, na obediência a valores de época e suas implicações.

Na aparência distante deste clima emocional, o grupo de apoio à reivindicação paulista no século XVII indica em sua existência que segmentos da Ordem representam posturas que se distanciam do apelo missionário, fato que, na América Portuguesa, já se expressava em mais que indícios, mesmo antes da chegada dos padres estrangeiros citados[25].

---

22   Serafim Leite fala em padres alemães membros do grupo, mas não lhes cita os nomes. P/ cf. busque-se: Leite, Serafim (s.j.). *História da Companhia de Jesus no Brasil* (vol. IX). Rio de Janeiro: Imprensa Nacional/INL, 1947, pp. 102-104.
23   Vale lembrar que Lutero rasga as bulas papais em 1517, iniciando a Reforma.
24   A fundação da Ordem explicar-se-ia como parte das ações da Contrarreforma. Em sintonia, o Barroco também se justificaria, nos países católicos, como resposta contrarreformada.
25   Hoornaert cita já como padre de colégio, na década de sessenta do século XVII, Simão de Vasconcelos (1596

Deste modo, o grupo de Benci – do qual, na indicação de Serafim Leite, fazem parte João Antônio Andreoni (a posteriori, o Antonil do importantíssimo *Cultura e opulência*), Domingos Ramos, o provincial Gusmão, Roland e outros – são padres mais afeitos à vida nos colégios, à vida nos centros urbanos de cotidiano já mais estabilizado, à altura já distantes de muitos sertões, onde pontificam os padres missionários.

Em contraponto, os mesmos missionários estariam sendo oposição ao estilo de vida que já não vê o colégio como frente de trabalho catequético, mas sim como espaço de preparação das supostas elites da terra, espaço para algum requinte, alguma vivência já mais civilizada, para a existência mais sedentária e pacata, espaço para acolhimento de autoridades e outras visitas de distinção.

Imbuído desta mentalidade está, em nossa leitura, o provincial Gusmão, uma das lideranças do grupo jesuítico de dissidência ao projeto missionário. De sua concepção é, referendando o fato, o colégio de Belém da Cachoeira, cuja construção inicia-se em 1686 e no âmago de uma questão que levará mais de uma década para chegar ao seu final.

O resultado da contenda será favorável ao grupo alexandrista[26] e principalmente ao piratiningano, desde a primeira hora do processo reivindicatório beneficiado pelo parecer de Benci e pelo de Roland, jesuíta que se destaca por seu histórico contraditório, uma vez que fora, tempos antes (década de setenta), empenhado missionário nos interiores da Bahia.

Na região da Jacobina, às margens do rio São Francisco, indispusera-se com bandeirantes da Casa da Torre, em defesa de índios aldeados e mesmo ainda de não descidos que se viam acuados por sertanistas e por curraleiros dos Ávila e seu gado em criatório extensivo[27].

No mesmo sertão, Roland teria, em nosso julgamento, feito seus primeiros contatos com paulistas que, em probabilidade, buscariam as distantes paragens, levados pelas necessidades de seu cotidiano que, acreditamos, estimulariam o empenho ou pela busca de metais e pedras preciosos ou pela captura de grupos índios sublevados, gente cuja escravização em nada esbarraria nos princípios da legalidade, uma vez que o submetimento do selvagem insurreto permitia o enquadramento em causa para a guerra justa.

Por estes motivos, mas sobremodo por conta do segundo (captura de índios), a presença paulista nos sertões do nordeste é uma constante, na segunda metade

---

a 1671), provincial da Ordem, na América Portuguesa, entre 1655 e 1658. P/ cf. busque-se: Hoornaert, Eduardo (coord.). *História da Igreja no Brasil* (tomo II/I). Rio de Janeiro: Vozes/Paulinas, 1992, p. 51. As dissidências também indicam que a Ordem não é monolítica nem em sua expressão.
26 Termo derivante do primeiro nome de Gusmão, que é Alexandre.
27 Para apreciação mais detida de biografia de Roland busque-se: Ambires, Juarez Donizete. "Jacob Roland: um jesuíta flamengo na América Portuguesa". *Revista Brasileira de História*. São Paulo: ANPUH, v. 25, nº 50, jul-dez 2005, pp. 201-216.

do século XVII[28], período em que a empresa de captura aprimora-se em suas técnicas e ganha maior aprovação e apoio de diversos segmentos. Ela assume os aspectos da manutenção da ordem na colônia, estendendo-se sua ação também sobre os escravos negros fugidos que, agrupados em quilombos, desequilibravam o estabelecido, a hierarquia, conceito fundamental entre os valores do mundo seiscentista.

Nesta atividade, o paulista se destaca, conseguindo ainda reverter sua prática em prestação de serviços à colônia e à coroa.

À época, protótipo do colono do sul será Domingos Jorge Velho, paulista que, na segunda metade da centúria em questão, apoiado por seu séquito de mamelucos guerreiros, liderou pelos sertões diversas e eficazes bandeiras de apresamento.

Em paralelo, o mesmo colono será representante de família que sustentou os interesses de administração direta na câmara da vila de São Paulo e recebeu o provincial Gusmão, quando este compareceu à capitania para firmar os termos do que fora concedido.

A ata da câmara de 08 de março de 1685 documenta a visita[29]. Dela dão fé, a pedido do escrivão, com suas assinaturas os "homens bons do povo" (leia-se: "os mais mercantilizados"), representantes de famílias que, mais tarde, linhagistas exaltarão: Gaspar Cortes, Gaspar de Souza Falcão, Lopo Ruy Ulhoa, Estevão Barbosa Soto Mayor, Garcia Roiz Velho, Manoel Roiz de Arzão, José Camargo Ortis, Estevão da Cunha, José Dias Paes, Francisco Correa de Lemos, Thomas da Costa, Lucas de Camargo, João de Camargo Pimentel, Diogo Bueno, Manoel Vieira Barros, Castanho Taques, Inocêncio Preto, Antônio Pacheco, Salvador Jorge Velho e outros, todos comprometidos na causa pela administração direta do índio.

A união pelo objetivo comum explicaria também o parecer de Roland beneficiando o paulista. Dele é a justificativa teológica para a concessão, por sua vez justificativa que é o documento que, curiosamente pela via jesuítica, apresenta e divulga a imagem do "dileto vassalo" a que já se referiu (parte I – segundo parágrafo).

Trata-se do *Apologia pro paulistis in qua probatur D. Pauli et adiacentium oppidorum incolas etiansi non desistant ab Indorum Brasiliensium invasivne, neque restituta iisdem indiis macipiis suis libertate, esse mihilominus sacramentalis confessionis et absolutionis capaces*[30], escrito de 1684 que, em título contraído, ficou para a posteridade como *Apologia pro paulistis*, e produção que, por tempos, pensou-se per-

---

28 Pesquisador que bem esclarece estes fatos é Puntoni. P/ cf. busque-se: Puntoni, Pedro. *A guerra dos bárbaros. Povos indígenas e a colonização do sertão nordeste do Brasil*, 1650 – 1720. São Paulo: Fapesp/Edusp/Hucitec, 2002, 323 p.
29 P/ cf. busque-se: CMSP Atas 7: 275-278.
30 *Apologia a favor dos paulistas, na qual se prova que os habitantes de São Paulo e das cidades adjacentes – ainda que não desistam da invasão dos índios brasileiros nem restituam aos mesmos índios a liberdade – todavia estão aptos a receber confissão sacramental e absolvição*. A Biblioteca Vittorio Emanuelle, de Roma, possui cópia do escrito (Jacob Roland, s.j., *Apologia pro paulistis*, s.d., 1249/3 – Fondo Gesuitico).

dida, porque, segundo arrevesado informe[31], fora incinerada por ordem de um dos padres gerais da Companhia.

Noutra perspectiva, a *Apologia* expõe o parecer de que, em atenção aos benefícios que o reivindicante já prestara à colônia e ao reino, ele deveria ser atendido em confissão e absolvido, inclusive pelos padres da Ordem, defesa que escandalizou partidários mais aguerridos, nos setores da Companhia, do projeto missionário, pois a impossibilidade de perdão ao colono que possuísse peças de submetimento impróprio ou não justificável era um dos fortes argumentos dos missioneiros contra a posse indevida do índio.

Ligado à peça de Roland está ainda o esclarecimento de que os paulistas são muitos, isto é, de diversas procedências, mas da jurisdição da capitania (à época, de São Vicente[32]) e, em abono a nosso raciocínio, representados pela vila de Piratininga e sua câmara, centralização necessária, em nossa indução, para maior eficácia no processo das negociações e na divulgação da imagem do paulista apreador não como fera, mas sim como difundidor da civilização, conceito que à época se confunde com essencialidades do cristianismo católico.

Como já se anunciou, os alexandristas ou grupo dos padres estrangeiros, entretanto, representam uma facção no interior da Companhia radicada no Brasil. Seus opositores – partidários mais intensos do trabalho missioneiro – concomitantemente estão agindo e se opondo à reivindicação do colonato quanto à administração direta do índio e, por extensão, a um estilo de vida que questiona os paradigmas da Ordem na América Portuguesa.

À frente do grupo pró-missão pontifica, à altura, ninguém menos que Antônio Vieira, inaciano de fama e prestígio, que busca se valer do que é seu repertório para o revertimento de uma circunstância que muito o contraria.

IV

Em agosto de 1681, Vieira chega à Bahia, acompanhado de um secretário que com ele se irmanara ainda na Itália, atraído que o jovem ficou pela aura do

---

31 O informe de que o documento em questão fora queimado, dá-o Antônio Vieira, também uma das figuras centrais da contenda. A afirmação do jesuíta encontra-se em carta de 21 de julho de 1695, dirigida ao Pe. Manuel Luís, lente de Cânones no colégio de Santo Antão, em Coimbra, e também autoridade que, no que se apresenta, D. Pedro ouviria, para posicionar-se quanto à atitude que tomaria ante a situação iniciada pelos paulistas. P/ cf. busque-se: Azevedo, João Lúcio (org.). *Cartas do Padre Antônio Vieira* (tomo III). Coimbra: Imprensa da Universidade, 1928, pp. 665-670.

32 Em 1709, a capitania passa a oficialmente ser "de São Paulo". Trabalhamos com a ideia de que a suposta liderança da vila de Pirantininga em alguns acontecimentos também haja induzido a troca de nomes. P/ cf. da mudança de designação busque-se: Silva, Maria Beatriz Nizza da (coord.). *Dicionário da história da colonização portuguesa no Brasil*. Lisboa: Verbo, 1994, pp. 749-753. Já quanto às diversas procedências dos paulistas em sua capitania, Roland cita, por exemplo, Guaratinguetá, Taubaté, Parnaíba, Mogi, Jundiaí, Itu, Sorocaba, Itanhaém, Cananeia e ainda outras localidades.

jesuíta pregador. O competente e prestigiado acólito era João Antônio Andreoni, inaciano que, pouco após a chegada a Salvador, passou a integrar o grupo dos padres estrangeiros do real colégio da Bahia, todos em pouco tempo desafetos de Vieira, por conta do partido paulista que assumem na contenda já minimamente historiada.

Ainda em Portugal, entretanto, o secretário italiano pudera testemunhar as articulações de Vieira na defesa do judeu e em prol do trabalho missionário na América Portuguesa, partido ao qual o pregador, em suas possibilidades no reino, não deixou de assistir. Marcado que ficara o seu íntimo por sua experiência missionária no Maranhão e Grão-Pará na década de cinquenta, o sermonista não deixa, em seu presente, de proteger e exaltar o ideário.

No mesmo Portugal, Andreoni também presenciou todo o trabalho de Vieira para, em meio à política da corte e seus conventículos, conseguir o apoio do Duque de Cadaval e seguidores e, assim, obter a promulgação da lei de libertação dos índios de 1680, empenho, cujas repercussões, mal chegadas à América, logo se fizeram desobedecidas, por conta da ação revoltada dos colonos submetidos à dependência da mão-de-obra indígena.

Sabe-se quanto a isto que as gentes do Maranhão se rebelaram e que as da capitania meridional não foram diferentes, desencadeando, entre 1681 e 1682, uma série de repressões sobre os jesuítas do colégio de São Paulo que quase os retorna à situação de 1640.

Chegados à Bahia, logo também se fez sentir o clima contrário à figura de Vieira. Pouco depois, pelo que se depreende, começam os desentendimentos entre o sermonista e o suposto secretário que, no real colégio, em paralelo à pessoa de Gusmão, também desponta como liderança do grupo jesuíta de dissidência à ideia de primazia do projeto missionário em meio às atividades da Ordem na América Portuguesa.

Pertencentes à mesma nacionalidade, que é a italiana, logo Andreoni e Benci se aproximam, apoiados também em aspectos comuns de formação. Ambos foram homens voltados para as questões de economia e, neste campo, deixaram contributo de relevo[33] para o império e sua história, após o período da contenda.

Como atitude de contraponto, sabe-se que, da Bahia, Vieira articula contatos com os padres jesuítas da vila de São Paulo, na esperança de açular-lhes o espírito de rebelião e mesmo o de abandono do planalto, como repúdio às ações paulistas, motivadas pelos ecos da lei de 1680 e pelas pretensões quanto à administração direta.

---

33 Referimo-nos ao *Cultura e opulência do Brasil por suas drogas e minas*, de Antonil e título já citado, e a *Economia cristã dos senhores no governo dos escravos*, de Benci.

Estes contatos, entretanto, não repercutem, devido ao cerceamento do jesuíta do colégio de Piratininga, residência onde o ímpeto missionário muito arrefecera com o falecimento, em 1681, do padre Francisco de Morais[34], paulista de origem e colega de Vieira na Bahia, na época de seus noviciados.

Ainda na década de oitenta do século XVII, Vieira sobe à condição, e pela segunda vez, de visitador[35], cargo que ocupará de 1688 a 1690 e de cujas prerrogativas ele se vale, para combater os alexandristas.

Impedido por motivos de saúde de deslocar-se geograficamente, do real colégio da Bahia o visitador engendra forte campanha de incentivo às vocações missionárias.

Para tanto, vale-se da principal de suas potencialidades que é a produção de sermões[36], recurso para exortar a juventude jesuíta a que aprendesse línguas índias, que abraçasse o trabalho missionário e, neste campo, optasse pelos espaços de maior tensão com o colonato, pois, quanto mais pesada a seara, maiores seriam os ganhos espirituais daqueles que a empreendessem.

Em paralelo à exortação, o expediente de Vieira é comparar o missionário a Cristo[37], lembrando todas as agruras do mestre para a conversão dos homens e todas as agruras dele, o próprio Vieira, e de muitos de seus companheiros da estadia no Maranhão e Grão-Pará.

Outra prerrogativa do visitador em sua ação didática de convencimento foi, à época, com constância também evocar o modelo dos varões missionários da Ordem que, no passado, pontificaram. Deste modo e por isto, Nóbrega é aclamado e também Cardin, missionário que foi exemplo vivo para Vieira e a quem o noviço assistira no leito de morte, ouvindo-lhe a memória dos trabalhos de conversão.

No mesmo período (década de oitenta), Francisco Xavier (canonizado desde 1622) é empossado padroeiro de Salvador e, pelo que se apreende, por arranjos e acertos de Vieira que parece ver no fato um reforço de sua atitude em prol das missões[38].

Em meio a estes acontecimentos, a contenda desencadeada pela solicitação paulista chega à década de noventa, episódio em que conhecerá desenlace.

34 P/ cf. de dados sobre o pe. Francisco de Morais busque-se: Prezia, Benedito A. *Os indígenas do planalto paulista nas crônicas quinhentistas e seiscentistas*. São Paulo: Humanitas, 2000, pp. 107-108-109.
35 A primeira vez fora de 1658 a 1661, estando Vieira no Maranhão e Grão-Pará.
36 São quatro os grandes sermões referentes a este período: "Exortação I em véspera do Espírito Santo"; "Exortação II em véspera da visitação"; "Palavra de Deus empenhada: Sermão de ação de graças pelo nascimento do príncipe D. João"; "Palavra do pregador empenhada publicamente no Sermão de ação de graças pelo nascimento do príncipe D. João, primogênito de S.S. Majestades que Deus guarde".
37 Assim, ele agirá no Maranhão. Um de seus testemunhos no caso é o bastante divulgado "Sermão da Sexagésima", de 1655.
38 A importância do Xavier modelo de missionário, Vieira a assevera em sermões dedicados ao santo. Fazem-se necessárias, no caso, as leituras dos três "Sermões de Xavier dormindo" e dos doze "Sermões de Xavier acordado".

V

Na década referida, a presença da coroa se faz sentir de modo mais consistente como apreciadora dos movimentos da contenda.

Por isto, querendo posicionar-se ante o caso, ela envia à colônia e mais especificamente à capitania de São Paulo funcionário régio de nome Bartolomeu Lopes de Carvalho que traz consigo a incumbência de observar e ouvir as partes e, na sequência, dar sua opinião acerca dos fatos.

Se a data da estadia do funcionário na vila de Piratininga não é precisa (John Monteiro fala em supostamente ser de 1690[39]), certíssimos são o seu parecer e o seu veredicto, chegando a produção manuscrita à posteridade com o nome de *Manifesto a Sua Majestade*[40], documento que se dirige, em obediência ao título, a D. Pedro, indicando-lhe que, na contenda, o partido a se tomar é o do paulista.

Como fiel vassalo, dele são grandes os expedientes e sua ação de apresamento é devida e, mais que isto: justifica-se na escrita do burocrata que andou pelas terras do sul[41] e pôde observar *in locu* a dependência dos habitantes ao braço escravo índio, em uma relação que, segundo o texto, já é histórica, pois, desde os primeiros colonizadores das paragens, se faz referendada.

Ainda na opinião de Bartolomeu de Carvalho, o paulista e o índio são indissociáveis, cabendo à posse deste o sucesso das empresas do colono que são, na afirmação do visitante, utilíssimas prestações de serviço à colônia e ao reino.

Em sintonia que é, em nossa leitura, quase premonitória, o texto expressa-se quanto à necessidade da posse do índio por parte do paulista. O trabalho indígena se fazia indispensável para que o colono se mantivesse, em exemplo, na continuidade de busca dos metais preciosos, feito que, fora das ilações do texto do funcionário, o paulista virá, pouco depois, a realizar.

Os achados auríferos em Minas Gerais (1693) concretizam o Sabarabuçu, mito[42] indígena que o colono perseguira, idealizado em espécie de eldorado ao qual se associavam a prata, o ouro, as esmeraldas.

Já em sentido lato, associava-se ao fausto que D. Pedro teve a possibilidade de vislumbrar, depois dos muitos anos de apertura financeira do reino[43] que vinha

---

39 P/ cf. busque-se: Monteiro, John M. *Negros da terra. Índios e bandeirantes nas origens de São Paulo*. São Paulo: Companhia das Letras, 1995, p. 134.
40 P/ cf. busque-se: Ambires, Juarez Donizete. *Os jesuítas e a administração dos índios por particulares em São Paulo, no último quartel do século XVII*. Dissertação de mestrado, FFLCH/USP, 2000, pp. 196-206.
41 Ainda é John Monteiro quem dá informes de que o funcionário régio também visitou outras cercanias, como é o caso do Rio de Janeiro, capitania na qual a utilização da mão-de-obra índia também foi intensa. P/ cf. busque-se: Monteiro, John M. *Negros da terra. Índios e bandeirantes nas origens de São Paulo*. São Paulo: Companhia das Letras, 1995, p. 136.
42 P/ cf. busque-se: Souza, Laura de Melo e. 1680 – 1720. *O reino deste mundo*. São Paulo: Companhia das Letras, 2000, p. 23.
43 Quanto à crise financeira pela qual passa Portugal no século XVII a melhor leitura parece-nos sempre Hanson. P/ cf. busque-se: Hanson, Carl. *Economia e sociedade no Portugal barroco*. Lisboa: Publicações D. Quixote, 1986, 330 p.

em um crescendo desde a restauração de 1640 e levaram o rei a buscar alianças as mais daninhas a Portugal, como é a que travou, nas evocações de Vieira[44], com a aristocracia cristã velha e a inquisição.

Assim, ao suspiro de alívio liga-se o paulista, a quem, devido à expressividade das descobertas, concede-se a administração, não sem antes, por pró-forma, ouvir-se a Vieira. Está é a indicação do próprio rei que considera o jesuíta a maior autoridade da colônia, quando o assunto é escravidão e índios[45].

Por conta da real sugestão, mas já movidos por sentimento de vitória, os paulistas, apoiados por alexandristas e por intermédio da câmara de Piratininga, à Bahia encaminham conjunto de dezesseis dúvidas sobre a administração dos índios por particulares[46].

À ocasião (1693), Gusmão é vice-provincial, vindo no ano seguinte a novamente ocupar o provincialato, cargo que desempenha até 1697, ano em que Vieira falece.

Antes de seu passamento, contudo, o sermonista (e, em nossa história, protótipo do missionário) responde as dúvidas em documento que é o último de sua produção.

No escrito, ao seu fim, estampa-se a data de 12 de julho de 1694 que é pouco posterior à segunda visita de Gusmão ao planalto, na circunstância acompanhado por Andreoni que, apesar de estrangeiro (italiano) tal como Benci, galga cargos na hierarquia da Ordem, alegando com sua ascensão que, de fato, um outro tempo começara. Este novo episódio é o que porta, em sua base, o colono e a mercantilização pelo ouro[47] que, de algum modo, pede ajustes à Companhia.

A ata da câmara de 27 de janeiro de 1694 noticia a visita e suas causas[48]. Já o documento de Vieira – *Voto sobre as dúvidas dos moradores de São Paulo acerca da administração dos índios*[49] – divulga defesa das práticas missionárias jesuíticas.

---

44 Para Vieira, a inquisição é o quarto mal a assolar o reino, depois da guerra, da peste e da fome. P/ cf. busque-se: Hansen, João Adolfo. "Antônio Vieira. Sermões". In Mota, Lourenço Dantas (org.). *Introdução ao Brasil. Um banquete no trópico*. São Paulo: Senac, 1999, pp. 23-53.
45 O documento no qual se encontra a afirmação de D. Pedro é carta de 14 de janeiro de 1693, ao governador geral do Brasil e, na atualidade, pertencente (em cópia do século XIX) ao Instituto Histórico e Geográfico de São Paulo. P/ cf. busque-se: Ambires, Juarez Donizete. *Os jesuítas e administração dos índios por particulares em São Paulo, no último quartel do século XVII*. Dissertação de mestrado, FFLCH/USP, 2000, pp. 194 e 195.
46 *Dúvidas que se oferecem pelos moradores de São Paulo a Sua Majestade e ao Senhor Governador do Estado, sobre o modo de guardar o ajustamento da administração na matéria pertencente ao uso do gentio da terra, cuja resolução se espera.* P/ cf. busque-se: Ambires, Juarez Donizete. *Os jesuítas e a administração dos índios por particulares em São Paulo, no último quartel do século XVII*. Dissertação de mestrado, FFLCH/USP, 2000, pp. 136-138.
47 Novamente, recorre-se a Melo e Souza. P/ cf. busque-se: Souza, Laura de Melo e. *1680 – 1720. O reino deste mundo*. São Paulo: Companhia das Letras, 2000, 121 p.
48 P/ cf. busque-se: CMSP Atas 7: 447-454.
49 P/ cf. busque-se: Cidade, Hernani e Sérgio, Antônio (org., pref. e notas). *Pe. Antônio Vieira. Obras escolhidas* (vol. V). Lisboa: Sá da Costa, 1951, pp. 340-358.

Em seu conteúdo, o escrito indica aos reivindicantes de São Paulo a impropriedade de seu pedido, apesar de o seu autor saber da tradicional ligação entre índios e meridionais pelo trabalho e pelos laços de sangue.

Em seu *Voto*, Vieira expressa ainda o parecer de que o índio é, em verdade, vassalo, tanto quanto qualquer outro membro do império. O silvícola, para ele, é valioso apoio na manutenção da América Portuguesa. A sua coroa de penas apresenta-se, por isto, tão importante quanto qualquer outra.

Mesmo com estes teores, é preciso, contudo, que não se dê ao jesuíta em seu *Voto* a estatura de um praticante do relativismo cultural no século XVII. Pensar assim a partir dos dizeres do documento seria cometer anacronismo.

O *Voto* é escrito preparado em obediência a um objetivo que, de algum modo, se quer atingir. Da parte de um jesuíta da época, se há tolerância com o índio, ela está sendo praticada com o intuito da cooptação.

Para os valores de Vieira, os brasis (índios) precisam ser retirados das brenhas físicas – as florestas – e das espirituais, sendo a sua solução o aldeamento jesuítico e a aceitação da parte do índio de que ele é membro de um império de dupla significação, pois sob dobrada liderança – a do rei de Portugal e a do papa, o que indica, por sua vez, dupla existência – a terrena e a espiritual em concomitância, argumento também dos rendidos às crenças do Quinto Império[50].

O colono – em caso mais específico, o paulista – também é parte deste todo e erra na não obediência ao seu papel, já que desrespeita o da Companhia e o do índio, tornando-se, assim e por mais que se diga em contrário, um inimigo da fé.

Não sem lógica, Vieira chama ao colono meridional de herege e, em seu ritual de imagens, compara-o ao corsário árabe que escraviza cristãos, em direta referência aos índios cristianizados que, muitas vezes, o paulista já submetera.

Ainda endossando seu parecer, Vieira evoca contra o colono a autoridade de muitos teólogos espanhóis (Molina é um deles), ligados à dinâmica da Segunda Escolástica e, no século XVI, defensores da hipótese do império cristão (o Quinto Império) ao qual ele – Vieira -, no XVII, aderira, associando sua versão a Portugal.

Com estes teores, o documento deixa transparecer sua vinculação e Vieira dá aos paulistas conta de suas crenças que, indubitavelmente, se mostram ultrapassadas, ante a história que o colono vive e engendra, ante a visão de mundo expressa nos princípios alexandristas.

Em sua vitória e propósito, o mesmo paulista, noutros termos, mostra o quão anacrônicas estão as ideias do sermonista, em um mundo onde o espírito missionário

---

50 O messianismo foi elemento de grande importância na cultura portuguesa do século XVII. Vieira foi um de seus fortes entusiastas. Ele, por este viés, acreditava que veria Portugal como centro de um império universal cristão, o Quinto Império do mundo. Para alguns, o mesmo Quinto Império seriam ainda os mil anos de felicidade sobre a terra, antecedentes da segunda vinda do Cristo.

mais e mais se vê negado. Ao longo de todo o XVII, o colonato muito enfraquecera com suas investidas o trabalho missioneiro e não havia como negar o fato.

A empresa missionária, entretanto, apesar da contundência dos abusos sofridos, claudicante teimava em resistir. Expediente para tanto foi, em exemplo, a perpetuidade na busca dos sítios de difícil acesso, para sediar os novos aldeamentos[51]. A expectativa mais uma vez era a de desestimular a convivência entre índios e colonos. Queria-se, ainda nos fins do XVII, evitar a corrupção do silvícola e a sua utilização no trabalho compulsório, direito que todo o colonato em proximidade de espaços missionários à época alegava ter.

Assim, se já praticada no século XVI, no XVII a procura de lugares ermos se intensifica, tencionando o jesuíta com isto viver, em linguagem contemporânea, o espaço da utopia[52], dimensão que preferencialmente deveria seguir as rotas dos grandes rios do interior, para, se necessário, aldeamentos socorrerem uns aos outros, em caso de ataques de bandeiras.

A ação do colono, entretanto, barrou, como se sabe, o pleno florescimento de tal intenção. Poucos foram, na segunda metade do século XVII, os aldeamentos que prosperaram. No nordeste, para exemplo, a entrada do gado em criatório extensivo e a caça de extermínio a índios confederados limitaram a ação nos aldeamentos e levaram muitos ao desaparecimento.

Neste contexto, o fato em sua concretude é o que leva, em nossa apreensão, historiadores da Companhia[53] a afirmar que Vieira é o último grande missionário e que sua morte encerra um ciclo na história da Ordem[54].

Em nossa interpretação, dizemos, de outro modo, que a cedência da administração do índio ao paulista é o expressivo marco do encerramento de um ciclo, superado por um outro que tem na mesma concessão o seu início.

Com os achamentos auríferos, o paulista abre o reino a um grande processo de mercantilização, com o qual não mais se admite a fusão dos impérios terreno e celeste[55]. A praticidade do colono separa estes mundos e valoriza o econômico em detrimento do espiritual.

Em meio a este novo processo, o eixo geográfico dos interesses mercantis se altera. É chegado o episódio da excelência do Atlântico sul, graças à riqueza que se escoa pelo Rio de Janeiro rumo à metrópole.

---

51 P/ cf. busque-se: Hoornaert, Eduardo (coord.). *História da Igreja no Brasil* (tomo II/I). Rio de Janeiro: Vozes/Paulinas, 1992, p. 72.
52 Quanto ao assunto, interessante é o artigo de Cristina Pompa. P/ cf. busque-se: Pompa, Cristina. "O lugar da utopia: os jesuítas e a catequese indígena". *Revista Novos Estudos* (Cebrap). São Paulo: Imprensa Oficial, nº 64, novembro de 2002, pp. 83-95.
53 Serafim Leite é o maior deles.
54 P/ cf. busque-se: Leite, Serafim (s.j.). *História da Companhia de Jesus no Brasil* (vol. VI). Rio de Janeiro: Imprensa Nacional/INL, 1945, p. 345.
55 Novamente o remetimento é a Melo e Souza. P/ cf. busque-se: Souza, Laura de Melo e. 1680 – 1720. *O reino deste mundo*. São Paulo: Companhia das Letras, 2000, p. 121 p.

O feito em sua gênese traz e revela o paulista que, com ele envolvido, também assiste ao princípio do encerramento de muitas de suas práticas: é o caso da empresa sertanista, uma vez que o ouro abre interiores da colônia ao escravo negro; é, em segunda instância, o caso da São Paulo aglutinadora que, no episódio, está se tornando dispersora (a São Paulo da diáspora), pois é a que cede o paulista colonizador que, à frente, está se transmutando em mineiro, em mato-grossense, em goiano.

Referência bibliográfica

ALENCASTRO, Luiz Felipe de. *O trato dos viventes. A formação do Brasil no Atlântico Sul*. São Paulo: Companhia das Letras, 2000.

AMBIRES, Juarez Donizete. *Os jesuítas e a administração dos índios por particulares em São Paulo, no último quartel do século XVII*. Dissertação de mestrado, FFLCH/USP, 2000.

AZEVEDO, João Lúcio (org.). *Cartas do padre Antônio Vieira* (tomo III). Coimbra: Imprensa da Universidade, 1928.

BERTRAN, Paulo. "História e ecologia humana".*Revista História Viva*. São Paulo: Abril Cultural, ano I, nº 09, julho/2004, p. 98.

BLAJ, Ilana. *A trama das tensões – o processo da mercantilização de São Paulo (1681 – 1721)*. São Paulo: Humanitas/Fapesp, 2002.

BOXER, Charles. *Salvador de Sá e a luta pelo Brasil e Angola. 1602 – 1686*. São Paulo: Companhia Editora Nacional/Editora da Universidade de São Paulo, 1973.

CANABRAVA, Alice Piffer. *O comércio português no rio da prata (1580 – 1640)*. Belo Horizonte: Editora Itatiaia Ltda, 1984.

CIDADE, Hernani e SÉRGIO, Antônio (org., pref. e notas). *Pe. Antônio Vieira. Obras escolhidas* (vol. V). Lisboa: Sá da Costa, 1951.

CUNHA, Manuela Carneiro da (org.). *História dos índios no Brasil*. São Paulo: Companhia das Letras, 1998.

HANSON, Carl. *Economia e sociedade no Portugal barroco*. Lisboa: Publicações D. Quixote, 1986.

HOORNAERT, Eduardo (coord.). *História da Igreja no Brasil* (tomo II/I). Rio de Janeiro: Vozes/Paulinas, 1992.

LEITE, Serafim (s.j.). *História da Companhia de Jesus no Brasil* (vol. V, VI e IX). Rio de Janeiro: Imprensa Nacional/ INL, 1945/1947.

MACHADO, Alcântara. *Vida e morte do bandeirante*. São Paulo: Livraria Martins Editora, 1965.

MONTEIRO, John M. *Negros da terra. Índios e bandeirantes nas origens de São Paulo*. São Paulo: Companhia das Letras, 1995.

POMPA, Cristina. "O lugar da utopia: os jesuítas e a catequese indígena". *Revista Novos Estudos* (Cebrap). São Paulo: Imprensa Oficial, nº 64, novembro de 2002.

PUNTONI, Pedro. A guerra dos bárbaros. *Povos indígenas e a colonização do sertão nordeste do Brasil, 1650 – 1720*. São Paulo: Fapesp/Edusp/Hucitec, 2002.

SCHWARTZ, Stuart B. Segredos internos. *Engenhos e escravos na sociedade colonial*. São Paulo: Companhia das Letras, 1999.

SILVA, Maria Beatriz Nizza da (coord.). *Dicionário da história da colonização portuguesa no Brasil*. Lisboa: Verbo, 1994.

SOUZA, Antonio Candido de Melo e. *Literatura e sociedade*. São Paulo: Companhia Editora Nacional, 1985.

SOUZA, Laura de Melo e. 1680 – 1720. *O reino deste mundo*. São Paulo: Companhia das Letras, 2000.

Os termos náuticos e sua influência nórdica

Clarice Assalim

> *Na língua, como no comércio, tudo passa pela competitividade: apenas os produtos atraentes serão competitivos. Vilela: 97, 49*

Introdução

Este artigo trata da influência nórdica na constituição de termos usados na Marinha e/ou Náutica, bem como de vocábulos que, embora não sejam considerados propriamente "termos", por não se restringirem a essas determinadas línguas de especialidade[1], fazem parte do mesmo campo de interesse daquelas.

A escolha do tema permite que façamos uma reflexão sobre a necessidade de considerarmos a língua não somente como estruturas abstratas, mas como fenômeno social e histórico (Aubert, 1996), pois que a sociedade se reflete continuamente na língua que lhe serve de instrumento.

Objetivamos demonstrar que, do ponto de vista da história externa da nossa língua, seu acervo lexical se amplia e se enriquece através dos contatos da população de língua portuguesa com as mais variadas nações aloglotas. (Camara Jr, 1985). Além disso, muitos dos termos que entraram para o português, através do vocabulário marítimo e/ou naval, foram recuperados por outras línguas de especialidade e mesmo pela língua geral. Desse modo, falar sobre Terminologia, tomada aqui como o conjunto dos termos de uma determinada área de especialidade (Cabré, 1993), implica falar, também, das sociedades que mais se destacaram nessa área.

O fato de grande parte dos termos da Marinha e/ou Náutica serem de origem escandinava é consequência da vida cultural dos povos nórdicos, razão pela qual consideramos pertinente fazer um breve histórico sobre esses povos que, ao longo de sua história, cultuaram o mar: os *vikings* (de toda a Escandinávia) e os normandos.

O *corpus* utilizado foi selecionado e transcrito do <u>Dicionário etimológico Nova Fronteira da língua portuguesa</u>, de Antônio Geraldo da Cunha (1986, p. XIII), que tem, como o próprio autor assinala, "o objetivo primordial de auxiliar o consulente na identificação do vocábulo, dispensando-o, inclusive, da consulta a um dicionário de uso corrente." Desse dicionário, colhemos 24 verbetes, grande parte deles acrescidos de comentários que corroboram as etimologias, ou discordam delas.

Segue-se uma breve análise dos termos que ainda hoje permanecem unívocos e daqueles que se tornaram polissêmicos.

---

1 Línguas de especialidade referem-se ao conjunto de unidades lexicais atualizadas nos discursos técnicos e/ou científicos.

O povo nórdico

Situada numa região extremamente fria, ao norte da Europa, a Escandinávia é uma região que abrange Suécia, Noruega, Dinamarca, Islândia, Finlândia e os países bálticos (Estônia, Letônia, Lituânia).

Água e árvores são os aspectos mais evidentes das paisagens naturais da Escandinávia, sobretudo na Finlândia, que tem mais de dois terços de sua terra coberta de florestas e, em sua costa, possui o arquipélago mais labiríntico do mundo, com cerca de 95 mil ilhas.

A paisagem escandinava, com suas águas repletas de *fjords*[2], convida o homem à aventura marítima, talvez por isso o mar tenha fascinado tanto o viking, palavra que, aliás, vem do antigo nórdico *vik*, 'riacho, enseada ou baía'. (Caselli, 1982)

O barco, para esse povo, era o instrumento de seu ideal e de sua vida e, após sua morte, seu próprio sepulcro.

Em princípio, as rústicas embarcações vikings eram talhadas em carvalho (por sua resistência ao apodrecimento, rigidez e durabilidade), mas, a partir do século VIII, o anseio de imigração, causado pela superpopulação de suas terras, animou esse povo, e a arte da construção naval evolui, passando a usar madeira dura e leve (como cedro, pinheiro e abeto), na construção do *drakar* (dragão) de 30 toneladas, ou do não menos suntuoso *snekkar* (serpente).

Desde então, "viking" passa a significar "rei do mar", pirata temido, audacioso e extremamente supersticioso. Levavam consigo as pilastras da casa paterna, encimadas com a cabeça de seus deuses, Thor ou Odin, e lançavam-nas às vagas. Onde elas encostassem, ali instalariam seu povoado (em geral, ilhas ou embocaduras dos rios, lugares estratégicos para a prática da pirataria).

Dos *fjords* noruegueses e do litoral dinamarquês, os piratas vikings partiam em suas expedições e, de 789 até o ano mil, atacaram a Inglaterra, a Groenlândia, o Loire, Lisboa, Algarve, Sevilha, Paris, Itália, Rússia...

No ano de 912 é fundado o ducado da Normandia. Os normandos renovam o espírito de aventura marítima de seus antepassados e, como aqueles, ao longo de suas peregrinações por terras alheias, vão semeando um vasto número de termos náuticos, que várias línguas e raças conservam até hoje.

A partir do ano mil, o Cristianismo se impõe sobre o povo normando que, apesar de deparar-se com uma nova fase na sua organização social e moral, permanece com seu anseio de navegar.

No princípio do século XI, peregrinos normandos, a bordo de suas *barges*, lançam-se ao Mediterrâneo em combate aos muçulmanos. Mais marinheiros que

---

2 Fjords (ou fiordes) são vales invadidos por água.

soldados de mar, eles acabam aprendendo com os árabes a parte técnica, administrativa e militar dos estabelecimentos navais, de frotas ou esquadras.

As expedições de Cruzados vindas da Normandia faziam escala obrigatória nos portos do reino de Portugal. Em 1147, cento e sessenta e quatro navios guarnecidos de soldados de Cristo - normandos, sobretudo - entraram no Tejo, combatendo os muçulmanos que assediavam Lisboa.

Desse modo, marinheiros nórdicos e lusitanos mantinham um intercâmbio de ideias e um vasto vocabulário marítimo. Tal convívio, talvez, tenha despertado ou intensificado o fascínio marítimo do povo português.

Os termos

Conforme dito no início deste artigo, coletamos 24 verbetes do Dicionário de A. G. Cunha, atestando sua origem nórdica, sua ramificação para várias línguas e sua polissemia:

1. **abita** *sf.* 'peça no convés do navio para prender a amarra da âncora' / XVI, *habita* XVI/ Do fr. *bitte*, deriv. do a. escandinavo *biti*.

Da mesma origem, além do termo francês, encontramos *bitt*, no inglês; *bitta*, no italiano; *bita*, no espanhol; *beding*, no dinamarquês e no norueguês e *bitus*, no baixo-latim.

2. **abordagem** *sf.* 'ato ou efeito de abordar' XVIII. Do fr. *abordage* // **abordar** 'abalroar, acometer' XV. Do fr. *aborder*.

De acordo com Dauzat (1938): "**aborder** (XIV s.), comp. de *à* et de *bord* au sens de 'rivage' (arriver au bord) ou de 'bordage' (mar. 'aborder um navire').

Confira o termo *bordo*.

3. **abra** *sf.* 'enseada com ancoradouro para embarcações' XIV. Do fr. *havre*, deriv. do m. neerl. *havene* 'porto'.

Entre dinamarqueses e noruegueses se dizia *havn*; no holandês, *haven*; entre suecos, *hamn*; entre ingleses, *haven* e *abra*, entre italianos e espanhóis.

4. **banquisa** *sf.* 'campo de gelo' 1899. Do fr. *banquise*, provavelmente tradução do al. *Eisbank* 'banco de gelo'

Nascentes (1932) discorda desse étimo, atribuindo a *banquisa* a origem escandinava *bank-ice*.

5. **bombordo** *sm.* '(Mar.) o lado esquerdo da embarcação, considerando-se a proa como a sua frente'/ XVI, *babordo* XV/ Do fr. *bâbord*, deriv. do neerl. *bakboord*.

De mesma origem, temos o *babordo* espanhol, o *backboard* inglês e alemão e o *babordo* italiano, todos designando o lado esquerdo de quem, embarcando no navio, dá de frente para a proa.

6. **bordo** 1 *sm.* '(Mar.) cada uma das duas zonas em que o espaço em torno da embarcação é dividido pelo plano longitudinal dela, 'ato ou efeito de navegar em ziguezague, à vela, recebendo o vento ora por um bordo, ora por outro' XIV. Provavelmente do fr. *bord*, deriv. do frâncico **bord* 'amurada de barco'.

Nascentes (1932) atribui ao termo português a origem germânica *bord*, margem.

De acordo com Dauzat (1938), o francês *bord* deriva do germ. *bord-* ("bord de vaisseau" em escandinavo). Já Monlau (1946) atribui ao espanhol *bordo* a origem goda *baurd*.

De qualquer modo, observamos que tanto o termo alemão *bord*, como o *bordo* italiano, o *board* inglês e o *boord* holandês prendem-se à forma nórdica *bordhi* 'margem'.

7. **carlinga** *sf.* '(Constr. Nav.) *ant.* forte peça de madeira, fixa à sobrequilha, com um encaixe onde entra a mecha do pé do mastro real' XVI; '(Aeron.) cabina" XX. Do fr. *carlingue*, deriv. do a. escand. *Kerling* 'mulher' 'carlinga', por uma comparação de ordem sexual.

Encontra-se o mesmo termo em espanhol e em italiano.

8. **dique** *sm.* 'construção destinada a represar águas correntes' 'reservatório com comporta, represa, açude, doca' / 1646, *adique* XVI / Do antigo fr. *dique* (atual *digue*), deriv. do m. neerl. *dijc* (hoje *dijk*) 'represa'.

Sabe-se que, entre os celtas, *dig* significava 'fossa', o que bem pode ser também a origem de *dige* entre dinamarqueses e noruegueses; *dike* dos ingleses; *deich* dos alemães; *dique* para os espanhóis e *diga* entre italianos.

9. **doca** *sf.* 'parte de um porto, ladeada de muros e cais, onde se abrigam os navios e tomam ou deixam carga' 1864. Do ing. *dock*, deriv. do antigo neerl. *docke* (atual *dok*).

10. **equipar** *vb.* 'orig. guarnecer ou prover uma embarcação do necessário para a manobra, defesa, sustentação do pessoal' '*ext.* preparar, prover' 1858. Do fr. *équiper* // **equip**AGEM 1813. Do fr. *équipage* // **equip**AMENTO 1873. Do fr. *équipement* // **equip**E / *equipo* 1899 / Do fr. *équipe*. Cp. ESQUIPAR

Dauzat (1938) dá ao termo francês a origem normanda, através do germânico *skip* 'barco'.

11. **escota** *sf.* '(Mar.) cabo para governar as velas do navio' XV. Do ant. fr. *escoute* (hoje é *coute*), deriv. do gótico **skaut* // **escot**EIRA XVI // **escot**ILHA XV.

12. **estibordo** *sm.* '(Mar.) o lado direito da embarcação, considerando-se a proa como a sua frente'/ 1813, *estibordo* XV / Do fr. ant. *estribord* (hoje *tribord*, apócope de *estribord*), deriv. do neerl. *stierboord* // **boreste** 1884. De *estibordo* (com supressão da última sílaba e colocação da penúltima no princípio). Neologismo atribuído ao almirante Saldanha da Gama. O aviso de 14/2/1884 do Ministério da Marinha do Império do Brasil mandou substituir *estibordo* por *boreste*, para evitar confusão entre *bombordo* e *estibordo*.

No costado, a boreste, era armado o leme, na embarcação dos vikings – daí a forma nórdica *styribordhi*, ou 'bordo do leme'.

13. **içar** *vb.* 'erguer, levantar' XVIII. Do fr. *hisser* e, este, do neerl. *hijsen*, ou do baixo al. *hissen* // **içAMENTO XX**.

De mesma origem é o termo *adriça*, 'cabo para içar (bandeira, flâmula, roupa etc)', com os correspondentes *issare e dirizza* em italiano; *izar e driza* em espanhol, bem como o *drisse* francês, ao lado do já citado *hisser*.

14. **iole** *sf* 'canoa estreita, leve e rápida, usada nos esportes aquáticos' / *yole* 1899 / Do fr. *yole*, deriv. do neerl. *jol* e, este, do dinam. *jolle*.

15. **lastro** 1 *sm.* 'peso que se põe no porão do navio para dar-lhe estabilidade' 'depósito em ouro que serve de garantia ao papel moeda' XV. Do ant. fr. *last* (atual *lest*), deriv. do neerl. *last* 'peso' // **AlastrAMENTO 1881** // **AlastrAR XVI** // **lastrAR XV**.

Encontra-se o equivalente *lastre* em espanhol e *lasto* em italiano.

16. **ló** *sm.* 'lado do navio que está voltado para o ponto de onde sopra o vento' XV. Provavelmente do fr. *lof*, deriv. do médio neerl. *loef*.

Loft é vento em língua norrena; deu *luft* em saxão. Em português, já no tempo das grandes navegações, dizia-se *metter de ló*, ou seja, guinar para o lado de onde sopra o vento.

17. **merlim** 1 *sm.* '(Náut.) corda alcatroada' 'tecido ralo e engomado para forros' XVI. Do fr. *merlin*, deriv. do neerl. med. *meerlijn*.

Do neerlandês *meerlijn*, tecido de linho para forrar cabos de navios, originou-se o inglês *marline*; o italiano *merlino*; o espanhol *merlin*, além de *merling*, no dinamarquês e no norueguês.

18. **quilha** *sf.* '(Náut.) peça estrutural básica do casco de uma embarcação' XVI. Do fr. *quille*, provavelmente derivado do escandinavo antigo *kilir*, plural de *kjólr*.

Nos antigos navios de madeira, chamava-se *quilha* uma grossa viga retangular posta no sentido do comprimento da embarcação, onde eram cavilhadas as cavernas. Do termo originário *kjólr*, derivam o genovês *guille*, o italiano *chiglia*, o inglês *keel*.

19. **rizes** *sm. pl.* '(Marinh.) pedaços de cabo delgado que servem para amarrar a vela à verga, quando se deseja diminuir a superfície do pano' 1813. Do fr. *ris*, deriv. do a. fr. **rifs*, pl. de **rif* e, este, do a. escandinavo *rif*.

Há equivalência no espanhol rizos, no inglês reef e no alemão reff.

20. **rumo** *sm.* '(Náut.) cada uma das direções marcadas na rosa-dos-ventos' 'caminho, direção, vereda' / rrumo XV / Do cast. *rumbo*, deriv. do lat. *rhombus* e, este, do gr. *rhómbos*.// **rumAR** 1844.

Discordantes de Cunha são Dauzat e Monlau, que atribuem a origem do termo ao neerlandês *rumb*. Ao que tudo indica, a agulha de marear é de origem chinesa. A bússola foi batizada nos países nórdicos pelo termo *rum*, 'espaço', embora o grego também tenha um termo técnico correspondente: *rhómbos*, 'girar'.

21. **singrar** *vb.* 'velejar, navegar' / XIII, *singlar* XIV / Do fr. *singler*, *sigler* (hoje *cingler*), deriv. do a. escandinavo *sigla* 'navegar' // **singrAD'URA** 1500.

De mesma origem são os termos *sail*, do inglês, e *segel*, no alemão.

22. **tilha** *sf* 'qualquer dos pavimentos de um navio' 'cobertura a proa ou à popa de embarcação, para resguardar da água do mar e para guarda de objetos da tripulação' XV. Do fr. *tille*, deriv. do a. escandinavo *thilja* 'tábua que forma o solo de um navio' // **tilhADO** / XIV, ty- XIV

23. **tolete** *sm.* 'pequena haste que se prende verticalmente na borda de certas embarcações miúdas, a fim de servir de apoio ao remo, para remar' XVI. Do fr. *tolet*, deriv. do a. escandinavo *tholler*.

De mesma origem, temos o inglês *thol* e o espanhol *telete*.

24. **vaga** *sf.* 'onda' XVI. Do fr. *vague*, deriv. do a. escandinavo *vâgr*.

O termo *vâgr* traduz-se por 'mar'.

Considerações sobre os termos

É por meio das línguas de especialidade que há o crescimento do acervo lexical de uma comunidade linguística, pois respondem à sua necessidade de desenvolvimento.

Observando os verbetes acima elencados, percebemos que alguns deles originaram mais de uma unidade lexical no português, como é o caso do neerlandês *hyjsen* que, através do francês *hissen*, originou, na nossa língua, *içar* e *adriça*. Somado a isso, proporcionalmente ao nosso *corpus*, aproximadamente 30% dos termos e/ou vocábulos tornaram-se polissêmicos.

Hoje, termos como **abordar, carlinga, dique, equipar, lastro, ló, rumo** e **vaga** compreendem, no mínimo, dois significados: o primitivo, ligado à marinha ou náutica, e um segundo significado, derivado daquele:

a) **Abordagem**: ato ou efeito de abordar.

Abordar: 1. Abalroar com bordo (uma embarcação) para a acometer: O navio pirata *abordou* o galeão. 2. Tratar assuntos: *abordar* uma questão. 3. Abeirar-se cautelosamente para sondar a opinião: Os alunos *abordaram* o mestre.

b) **Carlinga**: 1. Peça de madeira sobre a qual assenta o mastro grande. 2. Espaço destinado à acomodação do piloto nos aviões abertos.

c) **Dique**: 1. Construção forte, geralmente de pedra ou cimento armado, destinada a impedir o avanço das águas. 2. Obstinação.

d) **Equipar**: 1. Guarnecer (o navio) do pessoal necessário para a manobra. 2. Prover do necessário.

e) **Lastro**: 1. Conjunto de matérias pesadas, pedra, areia etc., que é preciso pôr no porão do navio para que haja equilíbrio sobre a água. 2. Areia que se põe na barquinha do aeróstato. 3. Camada de substância permeável, como saibro, areia etc., que se põe no leito de via férrea. 4. Comida com que os bons bebedores preparam o estômago a fim de poderem beber melhor.

f) **Ló**: 1. Cada uma das metades do navio no sentido do seu comprimento. 2. Nome de uma antiga fazenda, muito rala e fina, espécie de escumilha.

g) **Rumo**: 1. Cada uma das trinta e duas linhas da rosa dos ventos. 2. Direção, orientação.

h) **Vaga**: 1. Lugar vago. 2. Tempo vago. 3. Cama vaga em quarto de hospedaria habitado por mais de uma pessoa. 4. Onda de grande volume.

Nos casos **a, c, d, e, g** e **h**, os termos, além de manterem seu significado específico, também passaram a fazer parte da língua geral; no caso **b**, a segunda acepção foi tomada por empréstimo por outra língua de especialidade (Aviação); no caso **e**, as acepções 2 e 3 tornaram-se empréstimos para outras línguas de especialidade (Física e Ferrovia), além de ter entrado para a língua geral; no caso **f**, embora Cunha (1982) atribua a *ló* - significando tecido - de etimologia obscura, considerando-se seu significado primitivo (*loft* 'vento'), é possível inferirmos que a acepção 2 tenha a mesma origem da 1; no caso **h** ocorreu fato interessante: o sentido primitivo de *vaga* passou a ser a última acepção do verbete.

Através desse breve comentário a respeito de alguns termos náuticos, procuramos enfatizar a necessidade de estudarmos a língua também do ponto de vista diacrônico, para que possamos compreender melhor as relações homem/mundo. Se fizermos uma análise da história das civilizações, perceberemos que o surgimento de dicionários especializados é uma consequência direta do desenvolvimento científico e técnico daquelas mesmas civilizações (Van Hoof, 1988).

De acordo com Lurquin (1988, p. 38), as palavras carregam a história ao dizerem ao mundo de onde vieram ("Les mots portent l'histoire en disant le monde d'où ils naissent"). Além disso, as línguas mortas se fundem às vivas, oferecendo aos terminólogos seus elementos de formação (idem).

Mas claro está que não devemos considerar a língua tão somente como um repositório da tradição. Mais do que isto, "uma língua deve ser vista, simultaneamente, como conjunto de virtualidades, de potencialidades *e* como fato sócio-histórico." (Aubert: 1996, 13)

Sendo a língua um produto da sociedade, bem como seu elemento aglutinador, é natural que a sociedade se reflita continuamente na língua que lhe serve de instrumento. Assim, o uso de palavras de origem norrena no domínio da arte naval não é estranho, considerando quanto os povos nórdicos dominavam essa arte, seja pela sua extrema habilidade artesanal, sua necessidade premente de sair pelo mar à procura de novos territórios, ou pela própria localização da Escandinávia.

Desse modo, os empréstimos das línguas que o português foi encontrando ao longo de seu percurso histórico são resultantes tanto do "encontro de culturas e de história", como da necessidade de dominar novas realidades (Vilela, 1997).

Referências bibliográficas

AUBERT, F. H. "Língua como estrutura e como fato histórico-social: consequências para a terminologia" *In*: ALVES, Ieda Maria (org.) - *A constituição da normalização terminológica no Brasil*. São Paulo: FFLCH/CITRAT, 1996. - (Cadernos de Terminologia, 1).

CABRÉ, M. T. *La terminología. Teoría, metodología, aplicaciones*. Barcelona: Editorial Empuries, 1993.

CÂMARA Jr., J. M. *História e estrutura da língua portuguesa*. 4.ed., Rio de Janeiro: Padrão, 1985.

CASELLI, G. *O Império Romano e a Idade Média*. Trad. de Alyda Christina Sauer. São Paulo: Melhoramentos, 1981.

CUNHA, A .G. *Dicionário etimológico Nova Fronteira da língua portuguesa*. 2.ed., Rio de Janeiro: Nova Fronteira, 1982.

DAUZAT, A . *Dictionnaire etimologique*. 7.ed., Paris: Larousse, 1938.

LURQUIN, G. "A travers l'épaisseur sémantique des termes. Traduction spécialisée ET terminologie diachronique" *In: Terminologie diachronique. Actes*. Centre de Terminologie de Bruxelles / Institut Libre Marie Haps, 1988.

MONLAU, P. F. *Diccionario etimológico de la lengua castellana*. 3.ed. Buenos Aires: Joaquin Gil Editor, 1946.

NASCENTES, A . *Dicionário etimológico da língua portuguesa*. Rio de Janeiro: 1932. [s. n.]

_____. *Novíssimo dicionário escolar*. Atualizado pelo Prof. Osmar Barbosa. São Paulo: Ediouro, 1984.

REY, A. *Essays on terminology*. Amsterdam: John Benjamins, 1994.

VAN HOOF, H. "Histoire des dictionnaires techniques" *In: Terminologie diachronique. Actes*. Centre de Terminologie de Bruxelles / Institut Libre Marie Haps, 1988.

VILELA, M. "O léxico do Português: perspectivação geral" *In: Filologia e Linguística Portuguesa*. São Paulo: Humanitas – FFLCH/USP, 1997.

Site: www.history.bangor.ac.uk/shipspecial/shlecmen.html

O fascínio das janelas

Diva Valente Rebelo

> *Não vês que o olho abraça a beleza do mundo inteiro?... É janela do corpo humano, por onde a alma especula e frui a beleza do mundo, aceitando a prisão do corpo...*
>
> Leonardo Da Vinci

> *Uma janela não é senão o ar emoldurado por esquadrias.*
>
> Clarice Lispector

Nossa proposta de releitura de poemas de Mallarmé constitui ousadia e muita coragem para invadir um campo tão estudado e observado por críticos de grande renome, mas, por outro lado, tão atraente pela magia e encantamento dos poemas reunidos na obra *Poésies*, selecionados pelo próprio autor, e publicados em 1899, na edição Deman, por seus amigos belgas, um ano depois de sua morte, em setembro de 1898, em Valvins, sua propriedade de campo, perto de Paris.

Enfrentar a obra monumental de Jean-Pierre Richard, *L'Univers imaginaire de Mallarmé*[1] é outro desafio. O próprio autor, no "Préface" de sua tese sobre Mallarmé, dedicada a Georges Poulet, outro célebre estudioso da literatura Francesa, inicia assim sua grande obra dizendo:

> Face à une oeuvre comme celle de Mallarmé, l'intelligence hésite. Plusieurs chemins la sollicitent: fascinée par l'audace du projet poétique et métaphysique qui s'y poursuit, elle peut aussi bien s'attacher à la lettre, éblouissante et fuyante, du poème. Voici le lecteur partagé entre deux voies possibles, celle de la spéculation et celle de l'expression qui supporte – mais comment? – un vertigineux édifice de pensées.[2]

A leitura da obra de Mallarmé continua, após mais de um século de seu falecimento, a exercer um grande fascínio entre os seus leitores.

A metáfora das janelas surge de uma forma muito artística e atraente de tal modo que Charles Mauron afirma que "la fenêtre est à Mallarmé ce que la Sainte-Victoire [montagne][3] est à Cézanne. (...) Sans cesser d'être un objet concret, la fenêtre se charge de sens symboliques."[4]

Dos 49 poemas de *Poésies* para a edição Deman, definitiva, por Mallarmé cuidadosamente organizada, publicada em 1899, um ano após a sua morte, aproximadamente a metade, contém a palavra fenêtre (vitre, verre, croisée, cristal, trou) e a temática das janelas chamou-nos a atenção para a nossa pesquisa.

---

1 RICHARD, Jean-Pierre. *L'Univers imaginaire de Mallarmé*. Paris: Éditions du Seuil, 1961.
2 RICHARD, Jean-Pierre. *Op. cit.* p.13
3 Palavra por nós acrescentada.
4 MAURON, Charles. *mallarmé par lui-même*. Paris: Seuil, 1964, p.72.

Propomos fazer uma leitura do olhar, das janelas do olhar, na obra poética de Mallarmé, e escolhemos uma perspectiva crítica de ordem temática, com base nos notáveis ensaios de Jean Pierre Richard[5], Charles Mauron e Paul Bénichou[6], abordando o estudo das imagens das **janelas abertas**, das **janelas fechadas** ou **janelas cegas** ("fenêtres closes") ou das **janelas de voamento**, inspirando-nos, na terminologia da arquitetura medieval do período românico.

Nossa pesquisa teve origem na observação das janelas, na arquitetura medieval, durante nossas aulas de História da Arte. Notamos que na Idade Média, no período românico, nos castelos e nas igrejas (*ecclesiae*), verdadeiras fortalezas contra as invasões, assaltos dos inimigos, roubos e toda sorte de vandalismo, as janelas eram escassas, distribuídas de modo irregular, e surgiam como pequenas aberturas colocadas bem no alto das muralhas ou edifícios. As paredes não suportavam o peso e as aberturas (janelas), apesar de pequenas e raras, muitas vezes, eram fechadas com pedras: **janelas cegas** ou muito estreitas, as **janelas de voamento**, ou seteiras, ou "fenêtres meurtrières" (janelas assassinas, em francês), com a finalidade de proteção ou de lançamento de setas contra os inimigos.

Com apoio em Flávio Conti, usamos a nomenclatura **janela de voamento**, isto é, uma fresta estreita, rasgada ao meio de uma parede, que se vai alargando progressivamente para o interior (voamento simples), ou então, tanto para o interior como para o exterior (voamento duplo)"[7].

Classificamos, portanto, as janelas, segundo três modalidades: **abertas**, **fechadas** ou **cegas** ("fenêtres closes") e **janelas de voamento**.

Analisando a obra *Poésies* de Mallarmé, o poema "Les Fenêtres" chamou-nos a atenção, pelo título específico e porque nele, o poeta dá-nos a chave da sua Poética.

Procuramos dividir nossa pesquisa em três etapas para proceder ao estudo previsto: às **janelas abertas** correspondem os poemas em que a janela aparece aberta, mas, em geral, protegida por um obstáculo: a vidraça transparente, através da qual o poeta contempla "l'Azur" inatingível ("Les Fenêtres", "L'Azur"); a janela-vitral colorida ("Sainte"); a janela com cortina de renda através da qual o espectador, colocado do lado de fora, pode ver o interior do quarto vazio ("Une dentelle s'abolit" – "Triptyque III"); as janelas-buracos feitas pelos pássaros ("L'Azur") ou pelo saltimbanco, furando o toldo da barraca ("Le Pitre châtié"), ou o Fauno que observa, sensualmente, as ninfas através das aberturas da vegetação ("L'Après-midi d'un Faune") e outras janelas que sugerem ao leitor metáforas diversificadas, como, por exemplo, em "Aumône": v.12: "On jette, au mendiant de la vitre, un festin."

---

5 RICHARD, Jean Pierre. *L'Univers imaginaire de Mallarmé*. Paris: Seuil, 1962.
6 BÉNICHOU, Paul. *Selon Mallarmé*. Paris: Gallimard, 1995.
7 CONTI, Flávio. *Como reconhecer a arte Românica*. Trad. de Carmem de Carvalho. São Paulo: Martins Fontes, 1984. p.31/32.

Paul Durand comenta em seu ensaio que "Le Pitre Châtié" "troue dans le mur de toile une fenêtre et ce vers s'élargit dans la grande architecture symbolique des 'Fenêtres'."[8]

Sob o título de **janelas fechadas** ou **cegas** ("fenêtres closes"), incluimos os poemas: "L'Azur", "Le Cygne" e "Hérodiade".

Correspondem às **janelas de voamento**, os poemas sobre o tema da viagem: "Salut" que abre como uma auto epígrafe a obra *Poésies*; "Brise marine", "À la nue accablante tu" e "Au seul souci de voyager", soneto em homenagem a Vasco da Gama em comemoração ao IV Centenário do descobrimento das Índias.

Mallarmé pretende ao escrever tornar-se, propositalmente, hermético e difícil ao leitor com a finalidade de proteger a poesia de um público impuro e vulgar ("les gens de la tribu"). A poesia deve, portanto, ser defendida como coisa sagrada, misteriosa, sem acesso aos seus profanadores (*HÉRÉSIES ARTISTIQUES – L'art pour tous, L'Artiste, 15 septembre 1862*)[9]: "Toute chose sacrée et qui veut demeurer sacrée s'enveloppe de mystère. Les religions se retranchent à l'abri d'arcanes dévoilés aux seul prédestinés; L'art a les siens."

Mallarmé se apresenta como um leitor diante do mundo, um decifrador de signos, um tradutor, assim como nos aconselha Baudelaire, referindo-se ao métier do poeta: "Qu'est-ce qu'un poète, si ce n'est qu'un traducteur, un déchiffreur?"[10].

Bonniot, genro do poeta, que frequentava "Les mardis, rue de Rome", relata como Mallarmé observava tudo ao seu redor como um objeto de leitura: "lorsqu'il se sent fatiguer de lire, il lui suffit de fixer quelque temps les objets pour que s'en dégage le signe pur. *Cet objet*, dit-il, *je le lis*."[11]

Com referência aos estudos sobre Mallarmé, as exegeses de sua obra não terão fim, devido a uma característica inerente a sua obra, muito bem assinalada por Jean-Pierre Richard: "Rien de plus glissant que ces poèmes dont le sens semble se modifier d'une lecture à l'autre, et qui n'installent jamais en nous la rassurante certitude de les avoir vraiment, définitivement, saisis. (...) Pour lire de tels poèmes, Valéry nous le répétera, il n'est point de chemin obligatoire, ni même de perspective privilégiée. Toutes les perspectives sont également fructueuses et l'essentiel restera donc de les multiplier."[12]

A etimologia da *janela* – provém do latim vulgar *januella*, diminutivo de *janua* (*ianua*), que designava a porta, passagem, entrada, acesso. *Janus* foi um dos principais deuses romanos. Era o primeiro deus a ser celebrado nas preces e o primeiro

---

8   DURAND, Pascal. *Poésies de Stéphane Mallarmé*. Paris: Folio/Gallimard, 1998. p.69.
9   Pléiade II, p.360/361.
10 BAUDELAIRE, Charles. *Réflexions sur quelques uns de mes contemporains: I. Victor Hugo*. Paris: Gallimard, Bibliothèque de la Pléiade, 1961. p.705.
11 RICHARD, *Op.cit.* p.457.
12 RICHARD, *Op.cit.* p.553.

a receber as oferendas dos sacrifícios. Jano apresenta duas faces (posterior e anterior) que lhe permitem controlar, ao mesmo tempo, o espaço interior e o espaço exterior. É mencionado como o guardião do universo, o abridor e o fechador de todas as coisas, passando a ser o deus dos inícios – por exemplo, do primeiro mês do ano, *Ianuarius*, e de todas as aberturas, sugerindo constante vigilância, sabedoria e conhecimento do passado e do futuro.

Deve-se ainda considerar uma dicotomia: visão interior e visão exterior, isto é, de dentro para fora da janela e de fora para dentro. A "sintaxe" da janela trata do relacionamento desses dois aspectos. Tais características configuram uma *poética da janela*.

A janela representa "olhares", cabe ao estudioso reconhecer os vários significados e as várias metáforas.

Estudamos a origem da janela a partir dos templos egípcios, gregos e romanos, passando pela Idade Média, Renascimento até à Modernidade.

Constatamos que a janela não esteve presente nos primórdios da arquitetura. Não havia janelas no templo egípcio, nem no templo grego, nem no romano. Havia aberturas, por onde penetravam a luz e o arejamento. Os templos gregos e romanos obedeciam às ordens arquitetônicas: dórica, jônica e coríntia.

Na casa romana, *domus*, por exemplo, não havia janelas para o exterior. A maior parte dos ambientes tinha uma única abertura: a entrada. Os diversos cômodos da *domus* estavam voltados para um pátio central e descoberto: o peristilo. Do peristilo distribuíam-se as diversas funções da *domus*, uma distribuição axial formada pelo vestíbulo de entrada (*atrium*), o peristilo e o triclínio: sala de refeições com caráter social, em geral, com três ou mais leitos inclinados ao redor da mesa. Esses aposentos íntimos tinham suas aberturas voltadas para o peristilo, de onde proviam a iluminação, a ventilação e os respectivos acessos, como a casa das Bodas de Prata, em Pompeia, no século II a.C., exemplo típico da *domus* senhorial.

O homem medieval, pelo profundo sentimento de religiosidade – o Teocentrismo –, voltava-se para dentro de si mesmo, não tinha necessidade de olhar o mundo do lado de fora, mas sim, olhar-se a si mesmo, ensimesmar-se.

Com o advento da arte gótica, com a construção das catedrais e para demonstrar o conceito filosófico e religioso: "*Deus é luz, Deus é força*", essas extraordinárias construções foram-se tornando cada vez mais elevadas. A busca de ascensionalidade faz com que através de torres esguias e flechas góticas esses monumentos chegassem mais perto do céu e atingissem a Deus.

As janelas góticas abrem-se nas catedrais e a arte dos vitrais para protegê-las, desenvolve-se intensamente, com a finalidade de fazer a luz penetrar nas catedrais, magnificamente colorida, dentro dos recintos antes exíguos, escuros e úmidos das *ecclesiae* e, ao mesmo tempo, instruindo o povo com as histórias religiosas contadas pelos vitrais, num ambiente de magia e misticismo.

No limiar do Renascimento, a nova visão do mundo proveniente do gregos e romanos – o antropocentrismo – deu origem às grandes navegações, aos grandes descobrimentos, tendo como centro a escola de Sagres e D. Henriques e seus seguidores. Nessa aventura para o mundo exterior, o homem sai de dentro de si mesmo com a necessidade de olhar para fora e de descobrir novos continentes e um novo mundo. Surgem os palácios renascentistas de Florença, Roma, Veneza, Milão, os castelos franceses do vale do Loire com numerosas janelas nas suas fachadas – *enjanelados* – para ver o mundo exterior. A arquitetura ganha olhar.

Com o desenvolvimento da vida urbana, do comércio (Veneza), a cidade é um ponto de atração, inaugura-se o hábito de contemplar a cidade. As janelas aparecem no andar superior, resguardando a habitação dos olhares e ouvidos indiscretos. O "voyeurismo" é aguçado pelas ruelas estreitas. A janela é, de fato, o grande divertimento e a grande tentação aberta para a rua, embora abrigada dos indiscretos por anteparos – rótulas, gelósias, persianas: "Ali se espia, ali se olha, ali se conversa de um vão ao outro, ali as pessoas se fazem."[13]

Surge também, no Renascimento, com Leon Battista Alberti, a célebre *janela da pintura*, a perspectiva, palavra latina que significa "ver através". A preocupação em retratar o real propicia como perspectiva matemática, a tridimensionalidade.

A janela é moldura, mas também perspectiva. A janela ao delimitar o campo da visão e situar o observador, funde o espaço bidimensional do plano de representação com o espaço tridimensional, real ou imaginário.

No Barroco, as janelas estão totalmente inseridas na nova concepção espacial: a fachada do edifício ondula-se em linhas sinuosas, reentrâncias e saliências, em busca de movimento e de profundidade. A janela, na vibrante parede barroca, é um momento de pausas, de silêncio, na linguagem arquitetônica no que se refere às qualidades de abertura, de transparência ou reflexão. Aqui, mais do que nunca, detém um olhar, a expressão de uma interioridade.

No mundo moderno, o potencial poético da metáfora da janela aparece inúmeras vezes no cinema, como, por exemplo, nos filmes: "Uma janela indiscreta", "Uma janela para o amor", e, recentemente, "Janela da alma", documentário com depoimentos de personalidades famosas como o escritor José Saramago, o músico Hermeto Pascoal e o cineasta Win Wenders.

Contamos ainda com o profundo desenvolvimento técnico e científico da grande janela da computação – *Windows*, nova visão e nova linguagem da informática para o mundo contemporâneo.

---

13 DUBY, Georges. *História da vida privada: Da Europa feudal à Renascença*. São Paulo: Companhia das Letras, 1991, p. 289.

Na literatura, a metáfora da janela é explorada por inúmeros leitores. A janela oferece-se ao olhar como intermediadora de possíveis diálogos entre o espaço interior e o exterior.

A *janela* representa *olhares* e a linguagem do olhar é silêncio, é linguagem muda que precisa ser decifrada. Veja-se a respeito *Le Voyeur*, de Robbe Grillet[14]. Nos dias de hoje, não temos tempo de nos olhar, evitamos o outro, não nos visitamos, não nos frequentamos. O "não olhar" se torna quase uma regra, a indiferença. Neste sentido, citando Foucault, precisamos achar um espaço propício para a leitura da linguagem do olhar: "retrouver en un espace unique le grand jeu du langage"[15].

Sartre, em sua obra, *L'être et le néant* afirma que "o outro é uma liberdade que pode invadir a minha; logo o outro existe"[16] e, em *Huis-Clos*, "Notre Enfer, c'est les autres".

Baudelaire, em "Les fenêtres", pequeno poema em prosa, extraído de *Le Spleen de Paris*, afirma: "(...) Dans ce trou noir ou lumineux vit la vie, rêve la vie, souffre la vie."[17] É a janela-trou, por onde Baudellaire observa do lado de fora toda a angústia nos habitantes da cidade, onde cada um vive a sua vida.

Podemos também citar a crônica de Cecília Meireles: "Arte de ser feliz", extraída do seu livro: *Escolha o seu sonho*, onde a autora apresenta ao leitor todas as fases de sua vida: infância, adolescência, maturidade através da metáfora da janela.

> *Houve um tempo em que minha janela* se abria para um chalé. Na ponta do chalé brilhava um grande ovo de louça azul. Nesse ovo costumava pousar um pombo branco. Ora, nos dias límpidos, quando o céu ficava da mesma cor do ovo de louça, o pombo parecia pousado no ar. Eu era criança, achava essa ilusão maravilhosa, e sentia-me completamente feliz.

> *Houve um tempo em que minha janela* dava para um canal. No canal oscilava um barco. Um barco carregado de flores. Para onde iam aquelas flores? Quem as comprava? em que jarra, em que sala, diante de quem brilhariam, na sua breve existência? e que mãos as tinham criado? e que pessoas iam sorrir de alegria ao recebê-las? Eu não era mais criança, porém minha alma ficava completamente feliz.

...

---

14 GRILLET, Robbe. *Le voyeur*. Paris: Édition Gallimard, Livre de Poche, 1972.
15 FOUCAULT, Michael. *Mots et les choses: une archéologie de sciences humaines*. Paris: Gallimard, 1966.
16 SARTRE, Jean Paul. *L'être et le néant*.
17 BAUDELAIRE, Charles. *Le Spleen de Paris: Petits poèmes en prose*. Paris: Édition Garnier, 1972, p. 139.

Às vezes abro a janela e encontro o jasmineiro em flor. Outras vezes encontro nuvens espessas. Avisto crianças que vão para a escola. (...) Tudo está certo, no seu lugar, cumprindo o seu destino. E eu me sinto completamente feliz.

Mas, quando falo dessas pequenas felicidades certas, que estão diante de cada janela, uns dizem que essas coisas não existem diante das minhas janelas, e outros, finalmente, que é preciso aprender a olhar, para poder vê-las assim."[18]

O poema de Mallarmé "Les Fenêtres", publicado em Poésies é uma fervorosa profissão de fé idealista.

A palavra "fenêtres" aparece como um símbolo, mostrando ao jovem poeta, novos horizontes: o vidro transparente da janela é, ao mesmo tempo, obstáculo e espelho ("miroir"), onde o poeta se mira e procura os reflexos dos objetos que refletem seus próprios ideais.

No início do poema, Mallarmé nos apresenta um moribundo no hospital, que cola seu rosto às janelas procurando assim, ver o mundo exterior, de sonho, onde ele procura esquecer seu sofrimento, o horror da dor e da própria morte, numa busca febril "et d'azur bleu vorace."

No final, o poeta nos faz uma pergunta: "Est-il moyen de m'enfuir, avec mes deux ailes sans plume / au risque de tomber pendant l'éternité?" Como um Ícaro o poeta cai num precipício sem condições de atingir o tão sonhado Ideal (l'Azur). Trata-se de uma alegoria – o moribundo no hospital? Mallarmé serve-se dela para nos mostrar a vida amarga, cheia de injustiças e sofrimentos. Nós somos também esse doente aprisionado no hospital ("le monde") e tentamos escapar e fugir dele através dessa janela mágica ("la vitre"), onde nos miramos e contemplamos um mundo ideal inatingível. Talvez pela arte possamos penetrar nesse mundo "Infini de l'Azur" como deseja tão obsessivamente o poeta: "- Que la vitre soit l'art, soit la mysticité".

Mallarmé poeta que encerra com fecho de ouro a poesia francesa do século XIX, inspirando-se, inicialmente, no Parnasianismo e em Baudelaire, depois, evoluindo e criando sua poética própria, com base na perfeição formal, na impersonalidade, no hermetismo, seleciona seus leitores – sua poesia é elitista e afasta dela o leitor por ser difícil, fechada e enigmática. Ele costumava enviar seus poemas a amigos íntimos para que os lessem, entendessem e dessem suas opiniões a respeito.

Se a *janela* representa *olhares*, como já dissemos antes, precisamos fazer a leitura do olhar, porque o olhar tem sua linguagem própria, muitas vezes, dentro

---

18 MEIRELES, Cecília. *Arte de ser feliz*. In: MEIRELES, Cecília. *Escolha o seu sonho*. 13a Edição. Rio de Janeiro: Editora Record, s/d, p. 24 – 25.

de um silêncio que nos passa desapercebido, reduzindo o olhar a uma linguagem muda, ao silêncio. De onde provém que a linguagem do olhar esteja tão presente e tão carregada artisticamente de sentido? Há inúmeros olhares: o olhar do senhor que não permite, não quer que o escravo o olhe; o olhar da criança punida pelo adulto; o olhar submisso da mulher, dirigido para baixo como os olhares das célebres madonnas do Renascimento, com exceção do olhar famoso (trompe-l'oeil) da "Gioconda", independente, móvel, perscrutando sem temor a sociedade e o mundo, do século XVI até hoje.

Por outro lado, há o olhar abrangente que atinge espaços diversificados: céu, mar, montanhas, planícies; o olhar erótico, envolvente, que se detém sobre o ser amado – a "flecha do olhar", ultrapassando tudo o que as palavras não podem dizer. No amor à primeira vista ("amour coup de foudre"), o primeiro olhar é tudo. Nada mais é preciso para explicar a força do olhar: ele paralisa, eleva, subjuga, torna possível o amor ou o ódio, os amantes se acariciam ou se amaldiçoam.

O leitor precisa de paciência, solidão e estudo, para aprofundar a compreensão do texto, seguindo-o passo a passo, habituando-se aos procedimentos do estilo e com a evolução gradual da estética do poeta das janelas.

É sob este ponto de vista, que tentamos ler e compreender Mallarmé, com a finalidade de iluminar o caminho de outros pesquisadores.

E podemos lembrar, enfim, Paul Éluard, em sua obra *Donner à voir*, sobre o olhar-janela:

"Voir c'est comprendre, juger, transformer, imaginer, oublier ou s'oublier, être ou disparaître."[19]

---

19 ÉLUARD, Paul. *Oeuvres complètes, tome I*. Paris: Éditions Gallimard, 1968, p. 943. (Bibliotèque de la Pléiade)

Referencia bibliográfica

BACHELARD, Gaston. *L'eau et les rêves*. Paris: Librairie José Corti, 1942.

BARTHES, Rolland. *Le dégré zéro de l'écriture suivi de Nouveaux essais critiques*. Paris, Seuil, 1972.

BÉNICHOU, Paul. *Selon Mallarmé*. Paris: Gallimard, 1995.

BOSI, Alfredo. *Fenomenologia do Olhar*, publ. em *O Olhar*, vários autores, São Paulo: Companhia das Letras,1988.

CAMPOS, Augusto de. PIGNATARI, Décio. CAMPOS, Haroldo de. *Mallarmé*. São Paulo: Perspectiva, 1980.

DUBY, Georges. *História da vida privada: Da Europa feudal à Renascença*. São Paulo: Companhia das Letras, 1991.

FRIEDRICH, Hugo. *Estrutura da lírica moderna*. São Paulo: Duas Cidades, 1978. Texto traduzido por Marise M. Curioni e poesias por Dora F. da Silva.

MALLARMÉ, Stéphane. *Oeuvres complètes*. Bibliothèque de la Pléiade, Paris: Gallimard,1998, vol. I

MALLARMÉ, Stéphane. *Oeuvres complètes*. Bibliothèque de la Pléiade, Paris: Gallimard, 2003, vol.II

POULET, Georges. *Espace et temps mallarméens*. Collection Être et penser, La Baconnière, Lausanne, s.d.

Clarice: uma poética de digressões

Luzia Machado Ribeiro de Noronha

Ao professor Juarez Donizete Ambires, com apreço à sua paixão profícua e contagiante pelo texto literário.

> *Mas que "fato" tem uma noite que se passa inteira num atalho, onde não tem ninguém, e enquanto dormimos? História de escuridão tranquila, de raiz adormecida na sua força, de odor que não tem perfume. O violino de Hindemith não conta sobre, antes se conta, antes se desdobra.*
>
> *Clarice Lispector*

Clarice Lispector, em *A Descoberta do Mundo*, refere-se ao quarteto de Hindemith como produção que se desvia de um tema explícito para debruçar-se sobre si mesma. É como se falasse do próprio proceder: também muitas vezes andou ao lado dos fatos que tematizou e, com grandes luminosidades, as suas histórias trouxeram também *escuridão tranquila* e *raiz adormecida na sua força*. Isto porque Clarice escreveu na busca dos mistérios do ser, em que a palavra é 'isca' que parece nos conduzir (e seduzir) aos *domínios pouco explorados da mente*. O que nos faz reportar ao velho artigo de Antônio Cândido, *No raiar de Clarice Lispector*, de 1944, em que ele considera *Perto do coração selvagem* como obra que retoma a mesma linha do romance de invenção de Oswald e de Mário de Andrade, autores de uma literatura de exploração vocabular. E é nessa tradição, seguindo a linhagem dos romances de invenção verbal, que Clarice Lispector se distingue como iniciadora do romance metafísico no Brasil[1] e as características de uma ficção-aventura, que além de contar sobre, se conta, buscando desvendar por meio da palavra, o mistério do mundo e das ideias.

Verificamos, no entanto, que essa escritura se ressente do domínio do enunciado puramente ligado à exploração do vocábulo e se entretém na enunciação, em que, muitas vezes, a descrição da interioridade do ser parece suceder-se quase ao mesmo tempo em que é sentida. Frequentemente parece também ressentir-se da fábula, inserida no tom do improviso, na anotação imediata, nas digressões.[2] Evadindo-se do factual, Clarice reverte o que teria a condição de algo que se passa *num atalho* e cria um espaço de grande expressividade em seu engendramento poético. Produção que privilegia a gestação do que lhe é mais verdadeiro, mais lírico, mais erótico, como se um sujeito existencial se revelasse numa instância muito própria. Montagem de entrelinhas, a que se refere o eu lírico: *Tudo acaba mas o que te escrevo continua. O que é bom, muito bom. O melhor ainda não foi escrito. O melhor está nas entrelinhas.* (Água Viva, p. 96).

Além disso, tendo em vista os conceitos de Roman Jakobson, considerando-se os modos metafóricos de utilizar a linguagem, no eixo da seleção, opondo-se

---

1 "Parece-nos que Antônio Cândido, ao apontar *Perto do Coração Selvagem* como uma tentativa impressionante de adaptar nossa língua a domínios pouco explorados da mente, indicasse o aparecimento do 'romance metafísico', no Brasil." (SÁ, 1979, p. 110).
2 "Os problemas gerais da linguagem, da arte, da existência e da morte provocam 'digressões' na escritura de Clarice Lispector, retardam a narrativa e são responsáveis por aquele caráter ensaístico, que alguns críticos lhe censuram." (Ibid., p. 76).

ao modo metonímico do eixo das combinações, é que podemos distinguir as inovações romanescas em que estiveram ligados os nomes de Oswald de Andrade, Mário de Andrade e o de Clarice Lispector. Segundo a perspectiva de Roman Jakobson, é possível afirmar que o estilo de Oswald, em seu romance-invenção, é metonímico, seu processo criativo corresponde à montagem de fragmentos que se estruturam em embutimentos de planos, na tentativa de plasmar o fluxo dos objetos e não o da consciência. Já o estilo de Clarice é construído no pólo metafórico da linguagem. Seus contrastes e símiles trazem ao texto imagética muito própria e a complexidade, fatores que rejeitam a fácil recepção.

Enquanto a montagem oswaldiana apresenta-se no sintagma, a de Clarice instala-se no eixo do paradigma, em que a trama das metáforas (capazes de aproximações inusitadas), constrói a prevalência do plano da expressão. Do simbólico, sua estratégia parece identificar-se com a lógica discursiva, mas se deixa flagrar nas similitudes de um eixo de possibilidades: a sedução num corpo aparentemente convencional, o da terceiridade, em longas cadeias semânticas aliciando as marcas da primeiridade, levando-se em conta as categorias de Peirce.[3]

Nas narrativas, geralmente, o digressivo, em seu sentido mais estrito, é utilizado com frequência como expediente para inserções de caráter ideológico ou epidítico. Este conceito de digressão pressupõe o estatuto de instância subsidiária.

Aristóteles já afirmava que *das fábulas e ações simples, as episódicas são as mais fracas*. As digressões, sob esta acepção, correspondem nas narrativas, às inserções do chamado nível hipodiegético, entrecortando como sequências decorrentes, o eixo dominante do intradiegético.[4]

Roland Barthes tratou das unidades narrativas utilizando, como critério de depreensão das mesmas, a significação. Segundo ele, em contraste com a vida, a arte não possui ruídos, constituindo um sistema que desconhece unidades perdidas. No domínio artístico tudo é pertinente e significativo, embora os graus de significação sejam variáveis. Descreve, nos sintagmas (relações *in praesentia*), os *relata* metonímicos: funções cardinais (ou núcleos) e as catálises. As primeiras constituem articulações da narrativa, enquanto as catálises apenas possuem a função de preencher o espaço intervalar entre elas. Já no eixo paradigmático (relações *in absentia*), Barthes descreve os *relata* metafóricos: índices e informantes. Os primeiros, unidades semânticas de natureza integrativa, são descritos tendo-se que considerar o nível da ação dos personagens ou da narração e levam a significados

---

[3] "Para se obter uma ideia da amplitude e abertura máxima dessas categorias, basta lembrarmos que, em nível mais geral, a 1ª corresponde ao acaso, originalidade irresponsável e livre, variação espontânea; a 2ª corresponde à ação e reação dos fatos concretos, existentes e reais, enquanto a 3ª categoria diz respeito à mediação ou processo, crescimento contínuo e devir sempre possível pela aquisição de novos hábitos." (SANTAELLA, 1983, p. 51-52).

[4] "Entende-se, pois, por 'nível hipodiegético' aquele que é constituído pela enunciação de um relato a partir do 'nível intradiegético': uma personagem da história, por qualquer razão específica e condicionada por determinadas circunstâncias, é solicitada ou incumbida de contar outra história, que assim aparece embutida na primeira" (REIS e LOPES, 1988, p.128).

implícitos, exigindo uma atitude de deciframento por parte do receptor; os informantes são dados perceptíveis diretamente no discurso, podendo atuar como operadores realistas, garantindo a verossimilhança, mas com funcionalidade atenuada nos níveis da história, como a das catálises.

As digressões, consideradas como interrupções da fábula, tão recorrentes na produção literária de Clarice, vistas sob a ótica barthesiana, identificam-se com esses operadores de expansão e, mais imediatamente, *prima facie*, com as catálises[5]. Na verdade, sua estratégia escritural inverte os espaços: as catálises passam a assumir certa hegemonia no texto, como verdadeiros núcleos.

Interessante é que, no discurso narrativo, a rejeição de Clarice à linearidade do factual sem cortes manifesta-se precocemente, quando consideramos as várias tentativas que ela faz, aos sete anos de idade, para que o Diário de Pernambuco publicasse os contos que lhe enviava. Posteriormente atribuiu a não publicação dos mesmos à ausência dos fatos, que já os caracterizava na época. Publicou, então, no Jornal do Brasil, órgão para o qual redigiu semanalmente, de 1967 a 1973:

> Respondi que eu gostaria mesmo era de poder um dia afinal escrever uma história que começasse assim: 'Era uma vez...' Para crianças? Perguntaram. Não, para adultos mesmo, respondi já distraída, ocupada em me lembrar de minhas primeiras histórias aos sete anos, todas começando com 'era uma vez'. Eu as enviava para a página infantil das quintas-feiras do jornal de Recife, e nenhuma, mas nenhuma mesmo, foi jamais publicada. E mesmo então era fácil de ver por quê. Nenhuma contava propriamente uma história, com os fatos necessários a uma história. Eu lia as que eles publicavam, e todas relatavam um acontecimento. Mas se eles eram teimosos, eu também.
>
> Desde então, porém, eu havia mudado tanto, quem sabe agora já estava pronta para o verdadeiro 'era uma vez'. Perguntei-me em seguida: e por que não começo? Agora mesmo? Será simples, senti eu.
>
> E comecei. No entanto, ao ter escrito a primeira frase, vi imediatamente que ainda me era impossível. Eu havia escrito: 'Era uma vez um pássaro, meu Deus'. (*A Descoberta do Mundo*, p. 641)

Em *A Descoberta do Mundo*, obra que corresponde à compilação dos artigos que escreveu para o *Jornal do Brasil*, em muitos textos Clarice reitera o desejo de explicar a gênese de sua escritura, expediente que nas narrativas, muitas vezes aparece como força propulsora do processo digressivo. Em um deles, sob o título

---

5 "(...) a catálise desperta sem cessar a tensão semântica do discurso, diz ininterruptamente: houve, vai haver significação; a função constante da catálise é pois, em todo estado de causa, uma função fática (para retomar a palavra de Jakobson): mantém o contato entre o narrador e o narratário (narrataire). Digamos que não se pode suprimir um núcleo sem alterar a história, mas que não se pode suprimir uma catálise sem alterar o discurso." (BARTHES, 1973, p. 33-34).

de *O verdadeiro romance*, deixa claro um certo desapego pela forma tradicional de narrar: *Bem sei o que é o chamado verdadeiro romance. No entanto, ao lê-lo, com suas tramas de fatos e descrições, sinto-me apenas aborrecida.* E ao mesmo tempo em que deixa explícita uma aptidão de escrever voltada à metalinguagem, sobretudo, mobilizada pela busca da aproximação do objeto, o desejo inalcançável de traduzir um signo-pensamento[6]: (...) *o que me guia ao escrevê-lo é sempre um senso de pesquisa e de descoberta. Não, não de sintaxe pela sintaxe em si, mas de sintaxe o mais possível se aproximando e me aproximando do que estou pensando na hora de escrever.* (1984, p.475). Tentativa utópica de captar as sensações da gênese criadora.[7]

É importante observar que o digressivo, em Clarice, não se reduz às evasões da linearidade discursiva, mas apresenta-se como prática multiforme, com caráter de matriz reprodutora. Recurso escritural que se deixa mobilizar pela metalinguagem, pelo tom de improviso, pela instauração do epifânico, pela tentativa de inserir no texto o 'sentir-pensar', pela fusão do tempo ficcional e o tempo de leitura e por outros aspectos inerentes a seu trabalho poético propenso a deslocamentos e imprevisibilidades criadoras. Desvio que ocorre na elaboração frásica do estilo marcado pela variedade de entonações e pelo ritmo das pausas (em Clarice, o uso dos sinais de pontuação também responde em grande parte pelo alto grau de plasticidade do texto). Como também pode ocorrer nas intersecções dos tempos cronológico e psicológico, nos diálogos e monólogos, nas rupturas da sintaxe, nas reversões dos estatutos de narrador e personagem, nas transmutações dos espaços da diegese em espaços existenciais simbólicos, nas alternâncias de focos narrativos e de pontos de vista do narrador. Enfim, o desvio é inerente ao texto de Clarice, combinado tantas vezes com seu método de maiêutica socrática[8], porque ela vai se descobrindo, 'nascendo', ao criá-lo. A gênese do seu procedimento digressivo refaz-se e reitera-se nesses múltiplos desempenhos – é o estar no mundo de sua escritura, como se revela.

Olga Borelli, em *Clarice Lispector: esboço para um possível retrato, publicado em 1981, constrói o que denominou de trajetória espiritual de Clarice*. Nessa produção reveladora das luminosidades da alma e do fazer poético claricianos, encontramos reforçada a ideia de busca metafísica, recorrência que se faz presente nos espaços digressivos, reforçando a índole da maiêutica: *Pode parecer paradoxal, mas ela não vivia à cata do significado das coisas: este era puro resultado do texto. Não seria exagero dizer, neste caso, que ela não escrevia seus livros; antes, era escrita por eles.* (BORELLI, 1981, p.79)

---

6 "O signo-pensamento representa seu objeto sob o aspecto em que ele é pensado; isto é, este aspecto é o objeto imediato da consciência no pensamento" (PEIRCE, 1977, p. 270).
7 "(...) nunca podemos pensar 'isto está presente em mim', visto que, antes que tenhamos tempo para a reflexão, a sensação já passou e, por outro lado, uma vez passada, nunca podemos trazer de volta a qualidade do sentimento tal como ele era" (Ibid., p. 272).
8 "(...) toda a ficção de Clarice é da espécie metafísica do "nosce te ipsum" socrático. Ironia e maiêutica da própria escritura." (Sá, 1979, p. 212).

Desde que a digressão do texto clariceano, por não se restringir meramente aos deslocamentos da fábula, não constitui procedimento uniforme e assume, de fato, uma estratégia de índole matricial, reproduz novas possibilidades de sons e sentidos, em estilo fragmentado, em *performances* do indizível. Podemos, assim, situá-la como dispositivo que se reporta, por analogia, ao deslocamento jakobsoniano, o do eixo paradigmático projetando-se (deslocando-se) sobre o eixo sintagmático, operação geradora da função poética. A equivalência como recurso constitutivo da sequência: o ícone que se presentifica na contiguidade do sintagma. A similaridade icônica como o desvio digressivo (e transgressivo) da *póiesis*, inscrevendo-se na lógica do discurso.

Em *Perto do Coração Selvagem*, seu primeiro romance, já se evidencia a rarefação do enredo no estilo entrecortado, como agente instaurador da poesia do texto. E em *Água Viva*, obra que Haroldo de Campos denominou *duplo simétrico e rarefeito* (CAMPOS, s/d, p. 136) de seu primeiro romance, talvez pela correspondência do estilo fragmentário que se reitera, as digressões tornam-se recursos impositivos:

> Este texto que te dou não é para ser visto de perto: ganha sua secreta redondez antes invisível quando é visto de um avião em alto vôo. Então adivinha-se o jogo das ilhas e vêem-se canais e mares. Entende-me: escrevo-te uma onomatopéia, convulsão da linguagem. Transmito-te não uma história mas apenas palavras que vivem do som. Digo-te assim:
>
> 'Tronco luxurioso'.
>
> E banho-me nele. Ele está ligado à raiz que penetra em nós na terra. Tudo o que te escrevo é tenso. Uso palavras soltas que são em si mesmas um dardo livre: 'selvagens, bárbaros, nobres decadentes e marginais'. Isto te diz alguma coisa? A mim fala. (*Água Viva*, p. 27)

O texto indicia outros textos, vistos sob a proposição de uma outra perspectiva, para que se possa decodificá-lo em *sua secreta redondez*. Como busca em caleidoscópio, a de uma configuração mais perfeita que a que se percebe de início. A metalinguagem é como que imantada pelo deslocamento enunciado. Vocábulos como *visto/invisível/avião/vôo/adivinha-se/vêem-se/escrevo-te/convulsão/vivem*, intercalados nesta sequência, além da sonoridade aliterante, instauram uma certa alternância de sensações, como algo que se pressente, um estado que não se fixa na logicidade discursiva. Como se a aliteração sonoro-constritiva do v se associasse à metáfora do voo, da aventura verbal que aí se enuncia.

Os sons e os sentidos instalam-se no desvio criado pela poesia. E quando a personagem diz: *Uso palavras soltas que são em si mesmas um dardo livre*, parece evocar a tentativa de flagrar no texto o instante fugidio do *insight* criador. Buscar a apreensão da gênese, de instantes extremamente inapreensíveis, *selvagens, bárbaros, nobres decadentes e marginais*... O espaço digressivo nos múltiplos expedientes escriturais de Clarice – tangenciar a gênese criadora em tentativa reiterada que se nutre de desviar-se, deixando-se quase apreender para desviar-se outra vez infinitamente...

Do procedimento digressivo do texto clariceano, resultam combinações de um tecido multiforme e sutil, ora em encadeamentos de caráter associativo, ora estruturadas na indeterminação, conduzindo-nos aos domínios da imprevisibilidade.

Como se o eu-narrador, em incursões pelos domínios de um certo interlúdio, conduzisse o leitor à instância mais luminosa e dionisíaca dessa escritura.

Olga de Sá, em *A Escritura de Clarice Lispector*, faz um levantamento da fortuna crítica dessa produção. Alguns cortes sincrônicos em sua pesquisa indicam as repercussões do caráter diegético multifacetado, a enfatizar a recorrência do estilo voltado ao desvio digressivo. Álvaro Lins, em 1944, refere-se a *Perto do Coração Selvagem*, destacando o fato de Clarice trabalhar espaço e tempo no plano da descontinuidade, como algo negativo numa obra literária. No entanto, em 1959, Roberto Schwarz aponta como *princípio positivo de composição*, a falta de nexo entre os episódios do mesmo romance: *livro estrelado* para ele, considerando como falhas os instantes de causalidade que aparecem fortuitamente. E, em 1968, o crítico Fernando G. Reis comenta o caráter da literatura de Clarice: *Mas é evidente que sua criação é ela mesma. Por estar tão próxima à vida, parece descosida, tem um clima fragmentário. Sua arma é a intuição desarmada inteiramente do conceitual*. Além disso, denomina de método de anotação imediata o procedimento de Clarice, que corresponde ao que ele designa como agente operador do fragmentário.

Em *Um Sopro de Vida*, seu último livro, Clarice também revela o apuro desse procedimento digressivo, que perpassou toda a sua produção. Deixa-se conduzir pela mesma técnica que sempre esteve presente em seu trabalho de escritora. Os espaços sucedem-se e alternam-se em relação de complementaridade. O trabalho verbal, altamente lúcido, volta-se à prática da anotação imediata e cria, com a metalinguagem, um enredamento relacional do texto, isto é, a possibilidade de se obter uma visão de estrutura de seu desempenho da linguagem. Concepção que, em Clarice, pode ser compreendida como recurso que busca tangenciar não apenas sua produção, mas também sua gênese, se levarmos em conta seu método intuitivo-corporal. Não se trata de aprimoramento de seu fazer poético, mas de algo que ela assume como atitude escritural muito própria, com desenvoltura e intensidade.[9]

A se levar em conta que o romance moderno é estigmatizado pelo dinamismo da arte cinematográfica, cortes, planos e angulações tornam-se recursos também na

---

[9] "(...) não é o amadurecimento, a evolução, o progresso que norteiam a literatura de Clarice Lispector – o aperfeiçoar não vem, em Clarice, de um ir crescendo, de um aprimorar-se a partir do domínio, da facilidade e do emprego do já adquirido, do já sabido, do já feito. Aprender não é vencer etapas para se atingir um grau máximo. É, antes, ensaiar, avaliar, fracassar, refazer: abrir vários começos." (SANTOS, 1986, p. 75).

literatura, não pela mera transposição mecânica de uma linguagem a outra, mas em operações identificadas que possibilitam inovações inerentes ao código que se está utilizando. Haroldo de Campos refere-se às produções literárias das primeiras décadas do século XX: *esta prosa participa intimamente da sintaxe analógica do cinema, pelo menos de um cinema entendido à maneira eisensteiniana.*[10] (1983, p. 111).

No estilo de Clarice Lispector, as recorrências de deslocamentos (cortes) idênticos a recursos cinematográficos, assumem a natureza das montagens, mais uma proliferação do caráter digressivo de sua linguagem. Discurso plasmado na sintaxe entrecortada, em digressões da linearidade lógica que trazem ao texto, procedimentos próprios das técnicas do cinema, operando em alternância de planos, recortes em *close-up*, fusões, superposições, retroações, aprofundamentos, encadeamentos de planos. Justaposição inusitada, propriedade comum das metáforas e montagens, a gerar o que Eisenstein denominou de *terceiro termo*, resultante de tensões entre sequências diversas, que perdem a autonomia enquanto individualizadas, só passando a existir como fusão. Os mesmos recursos a que Severo Sarduy se refere como *uma tensão entre dois significantes, de cuja condensação surge um novo significado.* (1979, p. 168).

Na escritura de Clarice são recorrentes os desvios que se deixam flagrar como tomadas de linguagem fílmica, em alternâncias de planos, fusões, recortes:

> E, de repente – ei-la toda na minha mão. A corrida de volta ao portão tinha também de ser sem barulho. Pelo portão que deixara entreaberto, passei segurando a rosa. E então nós duas pálidas, eu e a rosa, corremos literalmente para longe da casa. (Do conto "Cem anos de perdão", em *Felicidade Clandestina*, p. 61)

E porque há no texto de Clarice Lispector, processos identificados à montagem cinematográfica, decorrentes de seu procedimento de recursos disruptores da linearidade discursiva, deparamo-nos com possibilidades diagramáticas instauradoras de qualidades de sensação e, nelas, as combinações em que não se podem distinguir as partes combinantes. Relacionam-se às superposições próprias da linguagem fílmica, como nas montagens, e a tensão entre dois significantes passa a gerar um novo significado. Tensões entre sequências diversas que perdem a autonomia por se imporem em segmentos individualizados. Não se trata de simples artifícios da escritura cinematográfica, como é passível de serem encontrados, de certa forma, em todos os autores, mas de certos traços estilísticos determinantes e recorrentes que se fazem prevalecer em Clarice. Privilegiamento da estratégia digressiva: evadindo-se da abordagem direta, sem os discursos, tantas vezes aquietantes e estaticizados, da logicidade verbal.

---

10 "Eisenstein continuou a empregar o termo 'montagem' para designar todos os meios de construção do filme (e das outras obras artísticas). Fazia alusão não à montagem no sentido cinematográfico estrito do termo, mas àquilo que chamava de 'sintaxe da língua das formas de arte' e especificamente de 'sintaxe audiovisual do cinema'." (CARONE, 1974, p. 105).

É na narrativa caracterizada pela lógica das justaposições[11], sem privilegiar o enredo, mas a poesia, que Décio Pignatari chama de *realismo puro*[12], que podemos considerar a produção de Clarice Lispector. Distanciada da linearidade das funções narrativas típicas que enfatizam o conceitual, inaugura uma prosa inovadora, que é síntese diagramática muito própria. Contradizendo outros realismos, recorre às plurissignificações inerentes às montagens fílmicas.

> Enquanto isso, Macabéa no chão parecia se tornar cada vez mais uma Macabéa, como se chegasse a si mesma.
>
> Este é um melodrama? O que sei é que melodrama era o ápice de sua vida, todas as vidas são uma arte e a dela tendia para o grande choro insopitável como chuva e raios.
>
> Apareceu portanto um homem magro de paletó puído tocando violino na esquina. Devo explicar que este homem eu o vi uma vez ao anoitecer quando eu era menino em Recife e o som espichado e agudo sublinhava com uma linha dourada o mistério da rua escura. Junto do homem esquálido havia uma latinha de zinco onde barulhavam secas as moedas dos que o ouviam com gratidão por ele lhes planger a vida. Só agora entendo e só agora brotou-se-me o sentido secreto: o violino é um aviso. Sei que quando eu morrer vou ouvir o violino do homem e pedirei música, música, música.
>
> Macabéa, Ave Maria, cheia de graça, terra serena da promissão, terra do perdão, tem que chegar o tempo, ora pro nobis, e eu me uso como forma de conhecimento. Eu te conheço até o osso por intermédio de uma encantação que vem de mim para ti. Espraiar-se selvagemente e no entanto atrás de tudo pulsa uma geometria inflexível. Macabéa lembrou-se do cais do porto. O cais chegava ao coração de sua vida. (*A Hora da Estrela*, p.93)

No primeiro parágrafo um movimento de câmera busca um *close-up* de Macabéa: *Como se chegasse a si mesma*. O *como se* e o verbo no imperfeito do subjuntivo, a mesma recorrência que indicia o desejo de tocar o real, que levou Antônio Cândido a denominar *Perto do Coração Selvagem de romance* de *aproximação*.[13] Justapõe-se o plano do narrador em questionamento existencial – elemento que

---

11 "O linear narrativo típico se organiza por hipotaxe – a lógica das hierarquias e decorrências conceituais, que preside às estruturas das línguas ocidentais, não-isolantes (daí que, no Ocidente, a arte é sempre 'difícil'): ao fragmentá-lo, o realismo introduz no sistema de organização a parataxe – a lógica das justaposições e das concorrências que preside às estruturas das línguas orientais, isolantes – dando início à narrativa sincrônica." (PIGNATARI, 1979, p. 71).

12 "A parataxe é o princípio de organização privilegiado do ícone 'formalista', vale dizer, da poesia – contradição permanente de todos os 'realismos'... A poesia – realismo 'puro' da linguagem – é a forma mais sintética da narrativa; nos últimos dois séculos, ela vem se caracterizando como *narrativa sem enredo* e envolve muitas obras em prosa, a começar de Flaubert ou, se se quiser, de Sterne." (Ibid., p. 73).

13 "O uso do imperfeito do subjuntivo, introduzido por 'como se', também caracteriza esse estilo. Invadido por símiles, na sua tentativa de tocar o real: 'romance de aproximação', na expressão de Antônio Cândido." (SÁ, 1979, p. 89).

atua como dispositivo acionador da fragmentação, aí identificada com os recursos das montagens cinematográficas.

Em *grande choro insopitável como chuva e raios*, os sintagmas sinestésicos, aliterantes, caracterizadores de um instante-clímax, marcados pelo símile de raios, evocam um *insight*, uma clarividência. Em um outro plano, não tão próximo: *um homem magro de paletó puído tocando violino na esquina*. E o corte traz novamente o narrador que afirma já tê-lo visto, quando menino, em Recife. *Flash back* de caráter apositivo, em tom onírico.

O som das moedas e do violino, em contraponto. Um corte traz a imagem do que narra, em ilação profética: *Só agora entendo e só agora brotou-se-me o sentido secreto: o violino é um aviso*. E a tomada acaba em *música, música, música*, como a ressaltar um *leitmotiv* sonoro, que lhe tem sido índice de morte.

Novamente Macabéa em *plongée*. E o encadeamento rápido de planos que se superpõem: *Macabéa, Ave Maria, cheia de graça, terra serena da promissão*. Por último, *o cais do porto*: a partida, o grande plano que se aproxima em movimento lento de câmera – *o cais chegava ao coração de sua vida*.

A prática digressiva identifica-se com uma tradição de intertextualidade, porque ao deslocar-se, Clarice Lispector cria, estrategicamente, um espaço paródico – diálogo de vozes em que narra, subsidiária e paralelamente, os fatos.

Além da perspicaz consciência de linguagem, é o desempenho guiado pelo *senso de pesquisa e de descoberta* que ela declara ter em *A Descoberta do Mundo*, que, nos domínios dessa prática intertextual da modernidade, vai gerar a paródia: ponto de encontro de uma proliferação de vozes. Tensão criada entre as sequências que se invertem tantas vezes na sintaxe do texto – reversões dos componentes da estrutura narrativa, a travestização das funções a mobilizar o discurso poético. O universo textual de Clarice deixa-se flagrar – espelho invertido e revertido – no estranhamento e na revolução paródica.

Desde o início do século XX, uma concepção fulcrada no universo autônomo da obra, já desvencilhada do sentido tradicional de *mimesis*, assume a atitude do auto-desvelamento (enfoque metalinguístico) do fenômeno da criação literária. Instaura-se o estatuto da ambivalência: corolário de um fazer poético considerado como feixe de relações múltiplas. Da visão estrutural, o pluralismo das leituras e dos emblemas da modernidade, disseminado num texto desprovido do conceito de objeto único (a aura referida por Walter Benjamin em *A obra de arte na era de sua reprodutibilidade técnica*), mas que se produz na intersecção de textos, assimilando, na própria produção, a práxis paródica.

Desde então, a presença do *canto paralelo* tem sido reconhecida nos estudos literários, sem a velha acepção burlesca, mas enquanto dispositivo gerador de ambiguidades poéticas, desde os formalistas russos, nas primeiras décadas do século

XX. A partir deles é que a produção escritural começa a ser considerada como universo autônomo, estruturado no anti-historicismo dos princípios da Linguística.

Formalistas como Tinianov e Chklóvski perceberam, no discurso literário, as marcas de um outro discurso, de estrutura dialógica. Este último trabalhou o conceito de paródia ligado ao de estranhamento e, segundo Irene Machado, a paródia, sob esta ótica, assume um caráter de *mecanismo de inversão que pressupõe todo um processo de ruptura com as operações automatizadas da linguagem*. (1988, p. 43).

Bakhtin, pertencente a um outro círculo, contemporâneo e desconhecido dos formalistas, coloca a enunciação como centro de sua poética. Tinha por objetivo estudar a ideologia através do dialogismo inerente à linguagem. Para ele o texto literário constituía a forma privilegiada para a projeção da consciência de uma sociedade, num determinado momento de sua história. E a linguagem, segundo sua concepção, seria, por natureza, uma manifestação dialógica, desde que todo discurso se dirige a alguém, pressupõe o outro.

Constituem pontos relevantes do constructo teórico bakhtiniano, a ênfase no contexto extraverbal e seus aspectos implícitos no que denuncia como discurso carnavalizado: *uma vida desviada de sua ordem habitual, em certo sentido uma 'vida às avessas', um 'mundo invertido' ('monde à l'envers')*. (Bakhtin, 1981, p. 105).

A noção de obras pertencentes a gêneros estanques, anulada desde o final do século XIX, já se fazia sentir como fator que tornava mais desenvolta a ação do escritor, contribuindo para que ele atuasse amalgamando no texto, outros textos. A respeito disso, Haroldo de Campos afirma: *Pode-se dizer que uma nova obra decisiva ou um novo movimento artístico propõe um novo modelo estrutural, à cuja luz todo um passado subitamente se reorganiza e ganha uma coerência diversa. Nesse sentido é que a literatura é o domínio do simultâneo, um simultâneo que se reconfigura a cada nova intervenção criadora*. (1976, p. 21).

Leyla Perrone-Moisés, considerando que o inter-relacionamento de textos sempre caracterizou a atividade poética, ressalta: *Em todos os tempos, o texto literário surgiu relacionado com outros textos anteriores ou contemporâneos, a literatura sempre nasceu da e na literatura*. (1978, p. 59).

O que houve a partir do século passado, foi que a intertextualidade passou a ser exercida enquanto sistematização implícita na criação literária. O pensamento artístico se rearticulou sem o conformismo do já estabelecido, que era portador de um sentido monológico e linear, investido em formas que assumiam um caráter pretensamente definitivo. Uma nova sensibilidade literária, centrada na contradição e no diálogo, resulta no texto polifônico[14], rompendo com a causalidade homogeneizadora, subjacente à lógica aristotélica.

---

14 "Devemos a Mikhail Bakhtine a primeira teorização do fenômeno da intertextualidade, em seu famoso ensaio sobre os romances de Dostoiévski. Segundo Bakhtine, Dostoiévski é o criador de um novo tipo de romance – o romance polifônico – caracterizado pela pluralidade de vozes, irredutíveis a uma *audição unitária*" (PERRONE-MOISÉS, 1978, p. 60).

No texto de Clarice Lispector, além do discurso indireto livre, espaço neutro da enunciação, que atende de perto, ao entrecruzar de vozes do discurso, o enfoque metalinguístico, de natureza duplamente dialógica, aciona um *monde à l'envers* – constitui mola propulsora dos deslocamentos. O texto, então polifônico, plasmado na intertextualidade, instaura o espaço inquietante da criação inovadora, aquela em que atua o *poietes*, portador de uma consciência profundamente crítica da linguagem – centro da *trapaça*[15] e das rupturas.

Clarice desloca-se para as intersecções do processo criativo, instaurando nos desvios, estratégias reveladoras, falsas subjacências de sua materialidade sígnica, catálises que se revestem das mesmas prevalências das funções cardinais das narrativas.

> Dois livros de Clarice questionam permanentemente a linguagem: *"Água Viva"* e *"A Hora da Estrela"*. O terceiro, um livro póstumo, *"Um sopro de vida"*, assume como forma narrativa o confronto entre Autor e Personagem, colocando a função metalinguística a serviço do diálogo da escritora com sua própria obra e com a tarefa de escrever-viver. (SÁ, 1999, p. 17, 18)

Ao produzir *Um sopro de vida*[16] – situação-limite de sua trajetória escritural/existencial – Clarice demonstra, enfaticamente, ter trabalhado nos labirintos da criação literária. Nesse livro, publicado postumamente, o diálogo que se deflagra entre narrador e personagem inaugura um esquema de imprevisibilidades e resulta no texto estigmatizado pelo entrecruzar de vozes. As falas deixam-se contaminar, fundem-se, confundem-se, numa tessitura dessacralizadora, plasmada em digressões. As inversões próprias do canto paralelo sugerem a dupla articulação que Bakhtin apontou no *skaz*, modalidade de discurso narrativo a que o formalista russo Eikhenbaum se refere em seu estudo sobre *O Capote*, de Gogol. O *skaz* consiste numa operação que traz, ao discurso do narrador, o tom do discurso direto, a mesma entonação da narrativa oral. Bakhtin percebeu no *skaz* mais esta propriedade: além da voz do que narra, manifesta-se uma outra no texto, ambas operacionalizadas numa dupla articulação – uma voltada para o discurso do narrador e a que se volta para o discurso falado do outro.

Em *Um Sopro de Vida*, a ênfase na travestização dos discursos materializa-se nos procedimentos que ocorrem no texto e assomam aí em estranhamento, revelados numa teatralização desempenhada pelas funções da narrativa. Clarice, posta-se nas intersecções dos diálogos e desvenda intenções que se alojam, subli-

---

15 "Mas a nós, que não somos nem cavaleiros da fé nem super-homens, só resta, por assim dizer, trapacear com a língua. Essa trapaça salutar, essa esquiva, esse logro magnífico que permite ouvir a língua fora do poder, no esplendor de uma revolução permanente da linguagem, eu a chamo, quanto a mim: literatura." (BARTHES, 1980, p. 16).

16 Transcrição de um trecho do prefácio de Olga Borelli, em *Um Sopro de Vida*:
"Para Clarice Lispector, minha amiga, 'Um Sopro de Vida' seria o seu livro definitivo.
Iniciado em 1974 e concluído em 1977, às vésperas de sua morte, este livro, de criação difícil, foi, no dizer de Clarice, 'escrito em agonia', pois nasceu de um impulso doloroso que ela não podia deter. Simultaneamente à sua criação, ela escreveu nesse período 'A Hora da Estrela', sua última obra publicada."

minarmente, no ato criador. Texto instigante, preso à percepção intuitiva conciliada a percuciente pesquisa de linguagem. Decide-se, mais uma vez, pelo fragmentário/digressivo e, por meio dele, o estilo de Clarice se faz *presentar* enquanto atitude criadora desvelada, em *performance* escritural que nasce das próprias sensações, como o sujeito narrador chega a declarar:

> Tirei deste livro apenas o que me interessava – deixei de lado minha história e a história de Ângela. O que me importa são instantâneos fotográficos das sensações – pensadas, e não a pose imóvel dos que esperam que eu diga: olhe o passarinho! Pois não sou fotógrafo de rua. (*Um Sopro de Vida*, p.20)

Revela-se, no texto, um desnudamento das funções narrativas, exercício dessacralizante que descortina os meandros, sutis interações, terreno insólito em que Clarice parece deslizar para os subterrâneos inexplicáveis do ato criador. Operação dialógica que inova e desautomatiza o ato escritural, já desautomatizado por sua natureza artística. Montagem de mônadas[17] (há uma relação analógica entre o dinamismo monádico e os signos prospectivos da cadeia interpretante)[18] que provém das perplexidades de sua poética, as que tocam em pontos nevrálgicos do que, para ela, constitui missão inexorável: a de escrever/viver.

Levada pelo fluxo dos diálogos, em *Um Sopro de Vida*, entre as falas do Autor e as de Ângela, irrompe-se a fala de um *Eu*. Como se ela mesma, sujeito autor, se *(re)presentasse* no jogo escritural, teatralizando a presença que sempre existiu nele, ou melhor, desvelando o diálogo latente vivenciado por Clarice e seu texto.[19]

O digressivo, como atuação fragmentária, inaugura o conflito de vozes, gera a paródia em que se ouve, nitidamente, a voz do sujeito autor incorporada à montagem dialógica de sua escritura.

Há, entre os estudiosos da produção clariceana, a constatação de características análogas presentes nos mais diversos personagens criados por ela em suas obras: um outro centro dialógico irradiador. Como se houvesse mesmo a intenção de manter um diálogo entre personagens intertextuais. Materializa-se uma outra digressão: desvia-se do rigor da individualidade diferenciadora entre eles. É comum encontrarmos denúncias das identificações entre Joana, Virgínia, Macabéa, por exemplo. Existe até quem afirme que todos são um só personagem.[20]

---

17 Refiro-me ao dinamismo monadológico de Leibniz, em que as unidades de forças imanentes se movem na inteireza, por um mesmo influxo, como espelhos vivos do universo. Mônadas, constelações saturadas de tensões, que passam de um estado a outro, tendendo à perfeição. (Cf. FRANCA S.J., 1967, p. 157).
18 "A partir da relação de representação que o signo mantém com seu objeto, produz-se na mente interpretadora um outro signo que traduz o significado do primeiro (é o interpretante do primeiro)." (SANTAELLA, 1983, p. 79).
19 "Escrevo, logo existo, eis sua fórmula existencial, que Descartes tinha baseado no Cogito e Benedito Nunes formulou para ela, em termos de narrativa: 'Narro, logo existo'. Realmente, Clarice jamais separou vida e literatura, como ela a entendia." (SÁ, 1999, p. 130).
20 "Disso resulta a impressão de que todas as figuras humanas criadas pela romancista são sempre iguais. Os seus personagens resumem-se num só personagem." (NUNES, 1976, p. 116).

Um outro aspecto, em que o caráter dialógico se revela no limite de sua produção, encontramos em *A Paixão Segundo G.H.*, em que se instaura um diálogo entre um sujeito em estado de graça e o sujeito narrador. Obra em que a *ars poetica* de Clarice constitui autêntico domínio do que Octavio Paz denomina *outridade*.[21]

Em *Água Viva* materializa-se, enfaticamente, o conflito entre dois *eus*[22] que buscam, em vão, tocar-se: o eu que pensa e o outro, objetivado pelo pensamento: *E doidamente me apodero dos desvãos de mim, meus desvarios me sufocam de tanta beleza. Eu sou antes, eu sou quase, eu sou nunca.* (p.18).

Lúcia Santaella refere-se a dois eus, entre os quais ocorre, justamente, o inverso do que ocorre na cadeia do interpretante peirceano, porque, no processo de geração de significados, nos deparamos com algo que avança infinitamente para frente. No entanto, quando tentamos materializar o eu que avança no fluxo da vida, somos sempre vítimas de um desejo utópico, o de encontrar algo que recua infinitamente para trás.

Na poética de Clarice Lispector, o diálogo entre dois eus funda-se na utopia de uma práxis inaugural e estranhadora, digressão da subjetividade pretensamente unívoca, rompendo a completude estabilizadora dos discursos lógicos.

Tendo em vista os diálogos que se deflagram na interação do sujeito e seus desdobramentos na interioridade do texto, Samira Chalhub tratou das relações específicas do sujeito do inconsciente[23], emergindo e desaparecendo na corrente significante, fundamentada na concepção lacaniana. Refere-se a uma situação de alinearidade, uma irrupção metafórica na cadeia sintagmática, um saber não-sabido (o inconsciente) aflorando. No texto de Clarice, um deslocamento materializado em associações, o evocar de um canto paralelo que subsiste nas rupturas do consciente/inconsciente. O *topos* desviado, não uma comunicação dual, que ocorre entre emissor e receptor, mas a palavra significando para além do que quer significar. O inconsciente gerando a totalidade da *póiesis*, fulcrada no estranhamento de uma atuação disruptora.

No enfoque da recepção do texto, sempre implícito na ficção de Clarice, há segmentos em que ela se volta, declaradamente, ao espaço do leitor. Operação teatralizadora que aparece revertida no espelho da paródia. Uma outra digressão estratégica, que se permite confirmar na consciência de uma iniciação, a que

---

21 "(...) percepção de que somos outros sem deixar de ser o que somos e que, sem deixar de estar onde estamos, nosso verdadeiro ser está em outra parte. Somos outra parte. (...) E também: estou só e estou contigo, em um não sei onde que é sempre aqui. Contigo e aqui: quem és tu, quem sou eu, onde estamos quando estamos aqui?" (PAZ, 1976, p. 107).
22 "Há um eu que avança na corrente da vida, ao mesmo tempo que se volta para o próprio pensamento a fim de observar a imagem do eu que aí se projeta. Nessa imagem, o eu necessariamente aparece como outro, diferente daquele eu que, enquanto pensa, avança no fluxo da vida." (SANTAELLA, 1984, p. 5).
23 "Assim, no dispositivo analítico, não há emissor nem receptor: há o sujeito, o do inconsciente, aquilo que fala naquele que fala. Não um *vir-a-ser*, mas um aparecer, o que emerge e desaparece, situação disruptora e alinear, enfrentada na escuta significante. Aparição metafórica na cadeia significante." (CHALHUB, 1988, p. 42).

prescinde do leitor teleológico, submisso a qualquer preceito maniqueísta, profano, incapaz de adentrar-se verdadeiramente no plano metafísico da escritura. Haja vista a dedicatória de *A Paixão Segundo G.H.*:

A Possíveis Leitores

> Este livro é como um livro qualquer. Mas eu ficaria contente se fosse lido apenas por pessoas de alma já formada. Aquelas que sabem que a aproximação, do que quer que seja, se faz gradualmente e penosamente – atravessando inclusive o oposto daquilo de que se vai aproximar. Aquelas pessoas que, só elas, entenderão bem devagar que este livro nada tira de ninguém. A mim, por exemplo, o personagem G.H. foi dando pouco a pouco uma alegria difícil; mas chama-se alegria.

CL

E, em *Um Sopro de Vida*, reitera-se esse tom iniciático no diálogo entre a escritora e o leitor:

> Se este livro vier jamais a sair, que dele se afastem os profanos. Pois escrever é coisa sagrada onde os infiéis não têm entrada. Estar fazendo de propósito um livro bem ruim para afastar os profanos que querem 'gostar'. Mas um pequeno grupo verá que esse 'gostar' é superficial e entrarão adentro do que verdadeiramente escrevo e que não é 'ruim' nem é 'bom'. (*Um Sopro de Vida*, p. 20)

A digressão metafórica, multiforme, polívoca inaugura, permanentemente, um caráter inovador e desautomatizado na produção literária de Clarice Lispector, como *vida desviada da sua ordem habitual*, marca da carnavalização de Bakhtin.

E é Lúcia Santaella que denuncia a inexorabilidade da existência que se desloca incessantemente para um espaço indireto: "*Eis aí, num mesmo nó, aquilo que funda a miséria e a grandeza de nossa condição como seres simbólicos. Somos no mundo, estamos no mundo, mas nosso acesso sensível ao mundo é sempre como que vedado por esta crosta sígnica que, embora nos forneça o meio de compreender, transformar, programar o mundo, ao mesmo tempo usurpa de nós uma existência direta, imediata, palpável, corpo-a-corpo e sensual com o sensível.*" (SANTAELLA, 1983, p. 71).

Em Clarice Lispector, a digressão prevalece no jogo poético, conjugada com nossa condição existencial, a de seres alijados ao desvio, condenados ao diálogo, vivenciando um canto inexorável, paralelo ao *hic et nunc*[24].

---
24 Do latim: *aqui e agora*.

Referências bibliográficas

BAKHTIN, Mikhail. *Problemas da poética em Dostoiévski*. Tradução de P. Bezerra. Rio de Janeiro: Forense-Universitária, 1981.

BARTHES, Roland. *Análise Estrutural da Narrativa*. Tradução de M. Zélia B. Pinto. 3ª ed. Petrópolis: Vozes, 1973.

_____. *Aula*. Tradução de Leyla Perrone-Moisés. São Paulo: Cultrix, 1980.

BORELLI, Olga. *Clarice Lispector: esboço para um possível retrato*. Rio de Janeiro: Nova Fronteira, 1981.

CAMPOS, Haroldo de. *A Operação do Texto*. São Paulo: Perspectiva, 1976.

_____. Miramar na mira (Posfácio). In: *Memórias Sentimentais de João Miramar*. São Paulo: Círculo do Livro, 1983.

CARONE NETTO, Modesto. *Metáfora e Montagem*. São Paulo: Perspectiva, 1974.

CHALHUB, Samira. Bloco Mágico: Psicanálise e Linguagem. Revista *Face*. São Paulo: EDUC, n.1, p. 39-46, jan./jun. 1988.

FRANCA S.J., Pe. Leonel. *Noções de História da Filosofia*. 19ª ed. rev. Rio de Janeiro: Agir, 1967.

LISPECTOR, Clarice. *Água Viva*. 9ª ed. Rio de Janeiro: Nova Fronteira, 1980.

_____. *Felicidade Clandestina*. 5ª ed. Rio de Janeiro: Nova Fronteira, 1981.

_____. *Um Sopro de Vida*. São Paulo: Círculo do Livro, 1983.

_____. *A Hora da Estrela*. 14ª ed. Rio de Janeiro: Nova Fronteira, 1984.

_____. *A Descoberta do Mundo*. Rio de Janeiro: Nova Fronteira, 1984.

_____. *A Paixão Segundo G.H.* 10ª ed. Rio de Janeiro: Nova Fronteira, 1986.

MACHADO, Irene A. Bakhtin e o legado dialógico do Formalismo Russo. Revista *Face*. São Paulo: EDUC, n.2, p. 37-50, jul./dez. 1988.

PAZ, Octavio. *Signos em Rotação*. Trad. S. Uchoa Leite. São Paulo: Perspectiva, 1970

PEIRCE, Charles S. *Semiótica*. Tradução de J. Teixeira Coelho Netto. São Paulo: Perspectiva, 1977.

PERRONE-MOISÉS, Leyla. *Texto, Crítica, Escritura*. São Paulo: Ática, 1978.

PIGNATARI, Décio. Errores. História sem estória. Revista *Através*. São Paulo: Duas Cidades, n. 3, p. 71-74. 1979.

REIS, Carlos e LOPES, A. Cristina M. *Dicionário de Teoria da Narrativa*. São Paulo: Ática, 1988.

SÁ, Olga de. *A Escritura de Clarice Lispector*. Petrópolis: Vozes; Lorena: FATEA, 1979.

_____. *Clarice Lispector: a travessia do oposto*. 2ª ed. São Paulo: Annablume, 1999.

SANTAELLA, Lúcia. *O que é Semiótica*. São Paulo: Brasiliense, 1983. (Coleção Primeiros Passos, 133)

SANTOS, Roberto Corrêa dos. *Clarice Lispector*. São Paulo: Atual, 1986. (Série Lendo).

SARDUY, Severo. O Barroco e o Neobarroco. In: *América Latina em sua Literatura*. Tradução de L.J. Gaio. São Paulo: Perspectiva, 1979. p. 161-178.

De medicamine faciei femineae: a poesia a serviço da beleza feminina através dos tempos

Kátia Aparecida Cruzes

No auge do sucesso com a publicação da famosa obra *Ars amatoria*, Ovídio acabou se censurando por ter consagrado aos homens os dois primeiros livros, nos quais são ensinados os modos de procurar, de conquistar e de conservar o amor, provavelmente compostos e publicados no primeiro século antes de Cristo. Sendo interpelado pelas mulheres que, magoadas com o poeta pelo descaso deste em iniciá-las na teoria do amor, viu-se numa situação muito delicada. Para se reconciliar com a parte feminina de seu público, compôs um pequeno tratado, destinado a ilustrar pelas letras amáveis da Urbe, a teoria dos cosméticos, dando preceitos a respeito dos meios pelos quais a mulher pudesse embelezar o próprio rosto. Isto se deu na obra intitulada *De medicamine faciei femineae*, tratado em dísticos elegíacos que, infelizmente, chegou para nós fragmentado: apenas uma centena de versos. Devido à aparente aridez do assunto do poema - cinco receitas de cosméticos, e à secura, também aparente, no desenvolvimento do poema que talvez tivesse sugerido ao poeta o impedimento dessa obra conhecer o sucesso esperado, acabou por fazer Ovídio decidir-se a compor o terceiro livro da *Ars amatoria*, consagrado, por ele, à instrução amorosa das jovens de seu tempo.

Esta é uma das poucas obras, cuja autenticidade não é, em momento algum, duvidosa: a própria existência de uma tal obra composta por Ovídio nos é atestada pelo próprio poeta no *Ars amatoria*, III, 205sgg e por Plínio, o Velho em *Naturalis Historia*, 30, 33 por exemplo, como veremos mais adiante. Os procedimentos do desenvolvimento no começo do poema e as aproximações no tratamento dos detalhes não permitem tal hesitação em termos de autoria.

Como todas as obras didáticas, estes versos nos têm sido transmitidos em numerosos manuscritos. O melhor é um manuscrito de Florença, dos séculos XI ou XII, tomado como base para esse trabalho. À mesma família pertencem um manuscrito de Cheltenham, do século XIII, e um manuscrito de Leyde, do século XV. Os outros manuscritos são sempre omissíveis. A edição do poema em questão, tendo sido escolhida a dedo, consta de algumas omissões, herdadas da Antiguidade. A própria fonte latina do título provavelmente não é a original, como veremos a seguir, uma vez que ao referir-se ao poema, Ovídio o chama de *"medicamina formae"* no *Ars amatoria*, III, 205.

E vai ser com relação ao título *De medicamine faciei femineae*[1], que vamos nos deparar com algumas informações controvertidas.

Se por um lado o conteúdo do *De medicamine faciei femineae* apresenta algumas incertezas devido à ausência de documentos antigos que possam comprovar a veracidade dos cem versos que restaram dessa obra, este fragmento poético que temos diante de nós, considerado pelos códices antigos como ovidiano não somente pelos testemunhos de Plínio (XXX, 33), "...*huius medicinae auctor est Ovidius poeta*", isto é, "cujo remédio o autor é o poeta Ovídio", e de Carísio (114, 14 B.), "...*et Ovidius:*

---
1 OVÍDIO. *Les remèdes à l'amour et l'amour et les produits de beauté pour le visage de la femme.* Paris, Les Belles Lettres, 1930.

mediae Marsis finduntur cantibus anguis", por sinal muito igual ao verso 39 do *De medicamine faciei femineae*, *"Nec mediae Marsis finduntur cantibus angues"*, isto é, "Nem as serpentes se abrem ao meio com os encantamentos dos Marsos", mas comprovado, sobretudo, pelo próprio Ovídio, que reivindica para si a autoria desse tratado poético acerca dos cuidados da beleza, apresentado no livro III do *Ars amatoria*, vv. 205-208, ao oferecer conselhos de beleza e de elegância às mulheres, depois de ter falado a respeito de penteado, da cor das túnicas, da toalete, para um momento para examinar os vários tipos de maquiagem e neste ponto recomenda às leitoras uma outra obra sua, remetendo-as ao *De medicamine faciei femineae*, o que não deixa, portanto, dúvidas acerca da autoria,

> *est mihi, quo dixi, vestrae medicamina formae,*
> *parvus, sed cura grande, libellus, opus:*
> *hinc quoque praesidium laesae petitote figurae;*
> *non est pro vestris ars mea rebus iners.*

"mulheres: para servir vossa beleza/ um tratado escrevi: breve tratado/ porém obra importante pelo cuidado/ que a essas linhas dediquei./ Aí socorro encontrareis/ contra os ultrajes que ofendam a figura./ Minha arte está pronta/ para tudo o que interessa à vossa formosura."

A referência do próprio poeta sulmonense entre os versos citados há pouco ajuda muito na elucidação em termos de autenticidade e de data do poema a respeito de cosméticos, talvez composto antes do livro III do *Ars amatoria*, criando para nós, por outro lado, um novo problema, agora, com relação ao título da pequena obra, que não parece ter sido da autoria de Ovídio. O nosso poeta fala no verso 205 do *Ars amatoria* de "medicamina formae", como já foi mostrado e, na opinião de Rodolfo Merkel, "medicamina formae" deveria ser considerado o título autêntico do tratado, enquanto que todos os editores, de Heinsius em diante, consideram válida a referência existente em códices respeitados, *"incipit libellus de medicamine faciei"* ou *"de medicamine faciei femineae"*, como se lê no códice mais antigo, considerado um dos mais confiáveis, o Laurentianus Marcianus 223 do séc. XI acerca do título. Convém reforçar que H. Bornecque, Paris, 1930 e E. J. Kenney, Oxford, 1961, substituem o termo genérico "medicamine", que indica um princípio curativo *"medicamen id est nomen ex medico dictum ad omnia medendum"*, isto é, "tal remédio é o preceito do médico para curar todas as coisas", pelo plural *medicamina*, *"quod medicamen sensu verbali a scriptoribus Latini usurpari non invenio"*, de ideia mais genérica, indicando simplesmente um princípio curativo.

Grosso modo, podemos dizer a respeito do termo *medicamen*, segundo Meillet em seu *Dictionnaire Étymologique de la Langue Latine*, que a raiz *med- se encontra completamente no domínio do indo-europeu, no sentido de "pensar, refletir", frequentemente com valores técnicos, como "medir, pesar, julgar ou tratar (uma doença)". O termo médico e seus derivados como *medicatus, medicamen(-mentum), medicinus, a, um, medicina (ars)* têm frequentemente o sentido de "cuidar por meio da magia" e, como o gr. "farmacon", uma ideia de "envenenar". A raiz **med-* liga-se ao verbo latino depoente *medeor, eris, mederi*, isto é, "cuidar de, tratar". Este termo, que aparece desde a origem especialmente na linguagem médica, com o sentido de "levar remédio a", vai ser substituído na época clássica por *remedium*.

Refletindo, ainda, acerca do verso 205 do livro III do *Ars amatoria*, convém observarmos que Ovídio não podia substituir no hexâmetro o termo *faciei* por *formae*, não sendo prosódico, tentando, por isso, mudar o verso do *Ars amatoria*, de acordo com as leis métricas, para ficar da seguinte maneira: *est mihi, quo dixi, facie medicamina vestrae*, no qual substituía *faciei* por *facie*, uma forma não só mais arcaica, como também mais pura de vocábulo como nos informa Aulo Gélio[2] em sua obra *As Noites Áticas*. Contudo, o testemunho de Gélio sugere que se deva entender *facie* (ou *faciei*) como dativo de vantagem, em vez de um genitivo. *Faciei* com esta mesma ideia foi usada por Plínio, *Naturalis Historia, XXXV, 176: "(sulphur) aufert et lichenas faciei"*, isto é, "o enxofre tira até os liquens - espécie de impigem -", e por muitos autores, especialmente na fase final do Império Romano e também pelos gramáticos. Vale lembrar que por causa das incertezas inspiradas no tocante ao problema que envolve o título, foi até mesmo pensado num título grego, *cosmetica*, como uma forma de resolver esse impasse que nos foi legado pela história.

Com relação, ainda, ao termo *facies*, vamos encontrar em Aulo Gélio, no livro XIII, cap. XXX da mesma obra já citada, uma valiosa informação a respeito desse vocábulo que teimosamente insiste em aparecer no título da obra ovidiana para demonstrar que ele "*non hactenus esse*", isto é, "não tem aquele significado" que costumeiramente lhe é atribuído[3]. Aulo Gélio levanta uma questão muito interessante

---

2   cf. Liber IX, 14, 21: *in casu autem dandi qui purissime locuti sunt non 'faciei' uti nunc dicitur, sed 'facie' dixerunt.* "Mas no caso dativo aqueles que falavam o melhor latim não usavam a forma *faciei*, que é agora corrente, mas *facie*.
3   *Non hactenus esse "faciem" qua vulgo dicitur.*
 *Anima advertere est pleraque verborum Latinorum ex ea significatione de qua nata sunt decessisse vel in aliam longe vel in proximam, eamque decessionem factam esse consuetudine et inscitia temere dicentium quae cuimodi sint non didicerint. Sicuti quidam "faciem" esse hominis putant os tantum et oculos et genas, quod Graeci - prosopon - dicunt, quando "facies" sit forma omnis et modus et factura quaedam corporis totius, a "faciendo" dicta, ut ab "aspectu", "species" et a "fingendo", "figura".
Itaque Pacuvius in tragoedia, quae Niptra inscribitur, "faciem" dixit hominis pro corporis longitudine:*
 aetate (inquit) integra,
 Feroci ingenio, facie procera virum.
Non solum autem in hominum corporibus, sed etiam in rerum cuiusquemodi aliarum "facies" dicitur. Nam montis et caeli et maris "facies", si tempestive dicatur, probe dicitur. Sallustii verba sunt ex Historia secunda: "Sardinia in Africo mari facie vestigii humani in orientem quam occidentem latior prominet." Ecce autem id quoque in mentem venit, quod etiam Plautus in Poenulo "faciem" pro totius corporis colorisque habitu dixit. Verba Plauti haec sunt:
 Set earum nutrix qua sit facie mi expedit.-
 Statura non magna corpore aquilost.-
 Ipsa east. -
 Specie venusta, ore atque oculis pernigris. -
 Formam quidem hercle verbis depinxti probe!

em sua observação acerca do uso do termo *facies*, chamando a atenção para o fato de que a maior parte das palavras latinas que o romano usava, estava muito longe do significado original, sendo atribuída a essas palavras um significado não muito exato, em termos semânticos. Essa alteração de sentido tem como causa principal o uso indevido que certas pessoas, por ignorância, faziam das palavras que não conheciam. É por este raciocínio que certas pessoas, ao fazerem uso do termo *facies*, queriam referir-se apenas ao rosto, aos olhos e à face do homem, aquilo que para o grego era chamado "prósopon", enquanto *facies* compreendia, na verdade, toda a aparência (*forma*), a medida e uma certa estrutura (*factura*) de todo o corpo. Segundo o ponto de vista de Aulo Gélio, de "facies", isto é, "rosto, aparência", acabava-se dizendo "a faciendo", de "species", isto é, "aparência", dizia-se "ab aspectu", e de "figura", isto é, "aparência", ligava-se "a fingendo", com o sentido de "disfarçando". Aulo Gélio não poupa esforços; vai além. Ele examina o significado variado que o vocábulo *facies* toma em quatro autores distintos de períodos diferentes para defender seu ponto de vista. Inicialmente, Aulo Gélio analisa um fragmento tirado do *Niptra*, tragédia de Pacúvio, em que "*faciem dixit pro corporis longitudine*"; isto é, "expôs o rosto diante do comprimento do corpo", depois, em Historiae, de Salústio, "*montis et caeli et maris 'facies', si tempestive dicatur, probe dicitur*", isto é, que entre as montanhas, o céu e o mar 'facies', a seu tempo, seja dito, e muito bem dito; também vai a *Poenulus*, de Plauto, "*faciem pro totius corporis colorisque habitu dixit*" e, por fim, Quadrigário, no décimo nono livro de seus *Annales*, que usou *facies 'pro statura totiusque corporis figura'*, isto é, "a aparência diante de toda a estrutura do corpo". A passagem de Gélio, que - como se nota pelos exemplos - examinava o significado do vocábulo, é retomada por Nônio, o qual, sob o lema *faciem*, anota - 74, 14L. = 52, 20 M. - : *Faciem, totius corporis formam, "prósopon", id est os, possuit antiquitas prudens. Ut ab aspectu species et a fingendo figura, ita a factura corporis* facies. Parece interessante sublinhar como

Praeterea memini Quadrigarium in undevicesimo "faciem" pro statura totiusque corporis figura dixisse.
"A forma *facies* tem uma aplicação mais ampla do que aquela que é comumente suposta".
Nós podemos observar que muitas palavras latinas desviaram-se de seu significado original e passaram para um que é muito diferente ou bem parecido, e desta maneira uma saída se deve ao uso de pessoas ignorantes que negligentemente usavam palavras das quais eles não conheciam o significado. É assim, por exemplo, que algumas pessoas pensam que *facies*, empregada para um homem, significa apenas o rosto, os olhos e as bochechas, aquilo que os gregos chamam - prosopon -; considerando que *facies* realmente designa toda a forma física, dimensões e, como se fosse, a maquiagem do corpo todo, sendo formado de *facio* como *species* e de *aspectus* e *figura* de *fingere*. Pacúvio, na tragédia intitulada *Niptra*, usou *facies* para designar a altura do corpo de um homem nestas linhas:
  "Um homem na plenitude da vida, de espírito corajoso,
    De estatura (*facies*) alta."
Mas *facies* é empregado não somente para os corpos dos homens, mas também para a aparência de outras coisas de todos os tipos. Por *facies* pode ser afirmado propriamente, se a aplicação for adequada, para uma montanha, para os céus ou para o mar. As palavras de Salústio no segundo livro de suas *Historiae* são: "Sardenha, no mar da África, tem uma aparência (*facies*) de um pé humano, projeta mais distante para o oriente do que para o ocidente". E, a propósito, tem também ocorrido para mim que Plauto também, no *Poenulus*, disse *facies*, querendo dizer algo sobre a aparência do corpo inteiro e também da compleição. Estas são as palavras dele:
  Mas conte-me, oráculo, qual a aparência (qua sit facie) de sua ama de leite? -
  Não muito alta, de pele escura. - É ela! -
  Uma moça agradável, com uma bela boca, olhos negros -
  Por Júpiter! ela parece uma pintura!
Além disso, Quadrigário em seu décimo nono livro usou *facies* para indicar estatura e aparência do corpo todo.

ambos os autores latinos, Gélio e Nônio, explicam *facies* como *forma totius corporis*, atestando, sem necessidade de provas posteriores, como se os dois substantivos pudessem se considerar sinônimos, sendo que no significado genérico de beleza, *forma* é mais usado do que *facies*.

Examinemos, agora, o uso de *facies* no *De medicamine faciei femineae*, onde o termo é encontrado duas vezes.

Quando nos deparamos com *facies* no verso 1 e no verso 44, podemos entender a observação feita por Aulo Gélio. Se retomarmos os dois versos iniciais do *De medicamine faciei femineae* para examinarmos o emprego de *facies, Discite quae faciem commendet cura, puellae,/ et quo sit vobis forma tuenda modo.* "*Aprendei, mulheres, os cuidados que recomendam o rosto/ e de que modo deveis conservar vossa beleza.*", veremos que no verso 1, totalmente voltado para o título, o vocábulo em questão parece referir-se apenas ao rosto. Contudo, a informação apresentada no verso 2 que complementa o primeiro verso, sugere que os cuidados que ali serão ensinados à mulher não se restringirão apenas a uma parte específica, mas sim ao corpo todo, pois esse é o sentido do termo latino *forma*.

Muito mais interessante é a outra citação, aquela dos vv. 43-44: *Prima sit in vobis morum tutela, puellae:/ ingenio facies conciliante placet.* "*Mulheres, o primeiro cuidado seja com os vossos costumes:/ o rosto agrada quando está de acordo com seu espírito.*", o termo *facies*, numa primeira acepção, indicaria apenas o rosto, aquela parte do corpo que representa o cartão de apresentação das pessoas. Mais adiante, enquanto procura definir melhor a relação entre os *mores* e a figura física, Ovídio acrescenta no verso 45:

Certus amor morum est, formam *populabitur aetas,*
O certo é o amor pelos costumes; a idade consumirá a beleza,

Neste verso, sente-se uma aproximação entre *facies* e *forma*, deixando bem claro que o conceito não se restringe apenas ao rosto, mas à beleza de todo o corpo que sumirá com o passar do tempo. Além disso, os dois dísticos que se estendem dos vv. 43 a 46, *Prima sit in vobis morum tutela, puella:/ ingenio facies conciliante placet./ Certus amor morum est; formam populabitur aetas,/ et placitus rugis vultus aratus erit;/,* "*Mulheres, o primeiro cuidado seja com os vossos costumes:/ o rosto agrada quando está de acordo com seu espírito./ O verdadeiro amor é o do caráter; a idade consumirá a beleza,/ e o rosto agradável será sulcado pelas rugas;*", lembram os dois versos do livro II do *Ars amatoria* (112 a 114),

ingenii dotes corporis *adde bonis.*

Forma *bonum fragile est, quantumque accedit ad annos,*

fit minor et spatio carpitur ipsa suo,

"junta os dons do espírito às vantagens do corpo.

A beleza é um bem demasiado frágil, tudo aquilo que aos anos se acrescenta,

com rigor a beleza diminui; a própria duração a faz murchar."

em que o termo *corpus* substitui claramente *facies* de *medicamina*.

Podemos ainda observar que Ovídio quando quer aludir especificamente ao rosto, dando sugestões para a eliminação de acne, sardas etc., utiliza-se do termo *vultus*, como vemos nos versos 46, 67, 97, respectivamente os versos seguintes: *et placitus rugis vultus aratus erit;* "e o rosto, que já fora atraente, será sulcado pelas rugas;(v.46)"; *Quaecumque affficiet tali medicamine vultum,* "Qualquer mulher, com tal cosmético, causará uma impressão agradável ao rosto,(v.67)"; *tempore sint parvo molli licet illita vultu,* "Que seja permitido tal creme sobre o delicado rosto por pouco tempo,(v.97)", ou lança mão do vocábulo *os*, nos versos 78 e 98, respectivamente os versos seguintes: *ore fugant maculas: alcyonea vocant;* "que eliminam as manchas do rosto: chamam-nos alciôneos;(v.78)"; *haerebit toto nullus in ore color.* "e nenhuma mancha ficará em todo o rosto.(v.98)".

Finalmente, encontraremos uma outra passagem significativa extraída de Plínio XXX, 33 que vai reassegurar que Ovídio não se ocupou apenas de garantir e proteger a beleza do rosto, e sim do corpo todo. Essa ideia fica reforçada se admitirmos que o termo *medicamen* é vasto demais para ser usado apenas para indicar um pequeno grupo de cosméticos para uma única parte do corpo.

Portanto, nada impede que interpretemos *faciei* no seu significado mais vasto, que indica não apenas o rosto, mas segundo Gélio, toda a pesssoa. Ovídio tinha composto um tratado didascálico de não grande dimensão, um *parvus libellus*[4] que parece ter lhe custado muita fadiga. A obra podia ser intitulada *medicamina formae* ou *medicamina faciei*, por tratar-se de remédios para o corpo todo, como aparece no *Ars amatoria, III, 207: hinc quoque praesidium laesae petitote figurae,* começando pelo *vultus*: os dois vocábulos diferentes, usados ora num, ora noutro lugar, são sinônimos e a variante do *Ars* – talvez determinada também por razões métricas – criou a questão, alimentada também pela vulgarização do vocábulo *facies*, que favoreceu a confusão.

Se aceitarmos esta solução para o título, podemos considerar resolvido o problema do conteúdo: os cem versos do poema que apresenta, de forma inédita, cinco receitas de cosméticos, que nos chegou da Antiguidade, são somente uma parte de uma obra mais vasta, perdida ou interrompida pelo autor, na qual se falava de

---

4   Sobre o diminutivo *libellus*, já banalizado, observa-se que o mesmo Ovídio chama assim o primeiro livro dos *Fasti*, que possui 700 versos, como aparece em *Tristia II, 549: sex ego Fastorum scripsi totidemque libelllos*.

cuidados, podendo, com ela, confrontar tratados muito mais vastos, mais sérios e mais empenhados, como os oito livros do *De medicina* de Cornélio Celso, os cinco livros de Dioscórides Pedânio, as *compositiones* médicas de Escribônio Largo e os trabalhos de Marcelo de Side, todos receituários médicos dos quais recebe confirmação a validade dos componentes das receitas ovidianas.

Um poeta cortês, como foi Ovídio, que tratou de questões caras ao gosto de um público feminino frívolo e insensível aos afetos humanos, apresenta uma história de vida cheia de incongruências. Indiscrições, jamais divulgadas ao longo do tempo, no meio cortesão, levaram-no, conhecido sob a alcunha de o "mestre" dos prazeres efêmeros, a ser exilado de Roma.

Mesmo relegado, Ovídio não perderá seu tom palaciano. Suplicará a Augusto que se não pode perdoá-lo, permitindo seu retorno a Roma, que pelo menos lhe conceda exílio num lugar mais tranquilo e seguro, como aparece na elegia única do livro II, em *Tristia*. O poeta chega a confessar-se arrependido, procurando convencer o imperador a respeito da frivolidade de seus versos, entre os vv. 361 a 578 do livro II dos *Tristia*, lembrando a Augusto que outros poetas, gregos e latinos, também cantaram situações um tanto licenciosas, e nem por isso foram tão duramente punidos, como pode ser visto em *Tristia, II, vv. 461-462*. Cita teatros, circos, templos, como fontes de corrupção: "Há um lugar mais santo do que um templo?... Uma mulher...no templo de Júpiter lembrar-se-á de todas as mulheres que esse deus tornou mães; entrando no templo de Marte...à porta, ela vê a estátua de Vênus unida à do deus vingador... assentando-se no templo de Ísis, ela indagará por que a filha de Saturno (Juno) a expulsara do Mar Jônio e do Bósforo." Ovídio justifica seus versos como fruto da imaginação de um adolescente. Contudo, sua defesa foi em vão. Lentamente, sua voz foi diminuindo até calar-se de modo total no ano 18 d.C. em Tomos, tendo como última homenagem um túmulo erigido pelos getas, habitantes locais, que muito se afeiçoaram a Ovídio. O próprio poeta nos conta que escreveu algumas pequenas obras, perdidas, em língua geta. Ele era grato pela hospitalidade e pelas honras recebidas daquela gente simples, como aparece em *Tristia, V, VIII, vv. 42-46; Pônticas, II, e Epistulae ex Ponto, XIII*. À sua enorme herança poética devem acrescentar-se, talvez, outras elegias por ele não publicadas, de 9 e de 8 a.C., quando da morte de Druso e de Mecenas, conhecidas, respectivamente, com o título de *Consolatio ad Liviam* e de *Elegiae in Maecenatem*.

O grande poeta sulmonse mais teve fraquezas do que vícios. Foi possuidor de um caráter nobre, puro, sensível, não conhecendo o ódio nem a inveja, e se no desterro não mostrou a constância e a resignação necessárias, tampouco pode-se censurar o que ele lamentava, por ter de viver longe de sua mulher, de sua filha, de seus netos e de sua pátria. Como poderá ser visto no epitáfio feito pelo próprio poeta, Ovídio diz claramente que foi a inveja que o perdeu. No tempo de Augusto, os homens não podiam impunemente ser talentosos:

Hic ego qui jaceo, tenerorum lusor amorum,

Ingenio perii Naso poeta meo;

At tibi, qui transis, ne sit grave, quisquis amasti,

Dicere: Nasonis molliter ossa cubent.

"Eu, que aqui jazo, o poeta Nasão, cantor dos doces amores,

pereci por causa do meu talento;

mas tu, que passas, quem quer que sejas, se alguma vez amaste, não

hesites em dizer: que os ossos de Nasão repousem suavemente."

Referências bibliográficas

ARIÈS, P.; DUBY, G. *História da vida privada*: do Império Romano ao ano mil. Trad. Hildegard Feist. São Paulo: Companhia das Letras, 1991. v. I.

BAYET, J. *Littérature latine*. Paris: Armand Colin, 1977.

CARCOPINO, J. *Roma no apogeu do Império*. (A vida cotidiana). Trad. Hildegard Feist. São Paulo: Companhia das Letras, 1991.

CHASLES, Ph. *L'antiquité*. Paris: Charpentier et Cie.: Éditeurs, 1876.

CHEVALIER, J.; GHEERBRANT, A. *Dicionário de símbolos*. 4 ed. Rio de Janeiro: José Olympio, 1982.

COULANGES, F. *A cidade antiga*. São Paulo: Editora das Américas, 1961. v. I e II.

COUSIN, J. *Études sur la poésie latine*. Paris: Boivim & Cie., 1945.

ERNOUT, A.; MEILLET, A. *Dictionnaire etymologique de la langue latine*. Paris: Klincksieck, 1961.

FORCELINI, E. *Lexicon Totius Latinitatis*. Tom. III, Patavii, Typis Seminarii, 1940.

GOEREVITCH, D. *Le mal d'etre femme*. Paris: Les Belles Lettres, 1974.

GRIMAL, P. *A civilização romana*. Trad. Isabel St. Aubyn. Lisboa: Edições 70, 1988.

KENNEY, E. J.; CLAUSEN, W. V. *The age of Augustus* (The Cambridge History of Classical Literature, part. 3). Great Britain: Cambridge University Press, 1982.

LAMARRE, C. *Histoire de la littérature latine*. Paris: Jules Lamarre, 1907.

MAROUZEAU, J. *Traité de stylistique latine*. Paris: Les Belles Lettres, 1954.

MONTI, E. *Roma al femminile*. Milano: Editrice Nuovi, 1984.

OVÍDIO. *Amores*. Paris: Les Belles Lettres, 1930.

_____. *Ars amatoria*. Paris: Les Belles Lettres, 1929.

_____. *Fasti*. Paris, Garnier, [s.d.].

_____. *Heroides*. Texte étlabi par Henri Bornecque et traduit par Marcel Prevost. Paris: Les Belles Lettres, 1928.

_____. *Les Métamorphoses*. Texte établi et traduit par Georges Lafaye. Paris: Les Belles Lettres, 1955.

_____. *Les remèdes a l'amour et lês produits de beauté pour le visage de la femme*. Paris: Les Belles Lettres, 1930.

PICHON, R. *Histoire de la littérature latine*. Paris: Hachette, [s.d.]

PLESSIS, F. *La poésie latine*. Paris: Klincksieck, 1909.

ROSTAGNY, A. *La letteratura di Roma Repubblicana de Augustea*. Bologna: Licinio Cappelli, 1939.

ROSTOVTZEFF, M. *História de Roma*. Trad. Waltensir Dutra. Rio de Janeiro: Zahar, 1973.

A educação pelo avesso: crise na família e na escola

Noemia Rodrigues Rezende

Afinal nossas vidas são nossas ideias.

Anísio Teixeira

Eric Hobsbawm, nascido em Alexandria no Egito, definiu o século XX como um século breve e extremado. Referia-se, o grande historiador, às mudanças profundas que ocorreram e que de forma indelével modificaram o cotidiano das pessoas. O desenvolvimento da tecnologia da comunicação, que permite aos homens de qualquer parte da Terra comunicar-se, qualquer hora do dia ou da noite, apenas no toque de um botão, mudou o comportamento de crianças, jovens e adultos que, de repente, se integraram ao mundo.

O celular, o computador e a Internet oferecendo informação *"just in time"*, integrou comunidades, antes quase isoladas, tornando o planeta, numa expressão de MacLuhan, uma aldeia global. Esta facilidade de informações trouxe muitos benefícios para o homem moderno e também algumas mudanças de comportamento. Hoje, por exemplo, há mais liberdade de pensamento e ação que geram violência e falta de respeito.

As culturas, antes diversificadas e algumas parcialmente integradas, hoje se encontram bastante *mais* próximas. Essas diferenças de culturas *hoje* são aceitas sem espanto. Ao integrarem-se as culturas, houve também uma ampliação das noções do certo, do errado e do diferente. As crianças e jovens aprenderam logo que, qualquer ser humano, independentemente da idade, tem direitos reconhecidos. Tornaram-se cidadãos do mundo, e como tais reivindicam dos pais e professores direitos de defender seus pontos de vista. Exigem, em certos casos, respeito e tolerância. Partindo para o exagero, eles estão deixando pais e mestres preocupados, que por sua vez procuram interpretar essa crise de autoridade e encontrar respostas para a mesma.

Na família e na escola, onde a obediência cega aos pais e professores era lei, a indisciplina e o mal comportamento das crianças e jovens de hoje desequilibram e ameaçam o poder outrora estabelecido.

Por esses motivos, refletir sobre educação tem sido um exercício diário entre educadores, que, perplexos buscam soluções, a fim de estabelecer uma conduta que satisfaça as duas partes.

Considerando que é preciso entender o âmago das mudanças, convém aos educadores e pais estudar a raiz das questões sobre educação.

Entendendo que a educação pode ser estudada sob dois pontos de vista, um deles segundo E. Dürkheim:

"A educação é a ação exercida, pelas gerações adultas, sobre as gerações que não se encontrem ainda preparadas para a vida social; tem por objeto suscitar e desenvolver, na criança, certo número de estados físicos, intelectuais e morais, reclamados pela sociedade política, no seu conjunto, e pelo meio especial a que a criança, particularmente, se destina"

e o outro como:

"A educação como um processo de desenvolvimento de dentro para fora, a fim de desenvolver as potencialidades do indivíduo";

resta indagar em qual dos sentidos estão ocorrendo mudanças. Seria a sociedade como um todo ou as pessoas estão exigindo uma melhor atenção para si e para suas necessidades? Para compreender essa mudança de comportamento das crianças e dos jovens e buscar uma explicação consistente, convém voltar ao passado e procurar no desenrolar da história da humanidade, e junto à teoria dos grandes educadores, compreender as mudanças na educação e na forma de encarar os direitos do homem.

De Sócrates (469 a 399 a.C.) a Paulo Freire (1921-1997), distanciados por vinte e cinco séculos, percebemos diferentes conceituações sobre educação, seu objetivo e sua finalidade. Enquanto que para Sócrates a educação tinha como objetivo preparar o homem para seguir o caminho da virtude e a busca da sabedoria, para Paulo Freire, a educação visava a conscientizar o educando, desenvolvendo nele a criticidade. Criticava Freire a ideia que ensinar é transmitir saber, afirmava que a essência da educação estava na possibilidade de criar ou produzir conhecimento. Ler o mundo e transformá-lo era, para Freire, o objetivo do ensino. Para Sócrates, a educação visava o indivíduo; para Freire, o coletivo.

Entre o pensamento de Sócrates e o de Paulo Freire, a educação recebeu várias contribuições da Filosofia, da Sociologia, da Pedagogia e das Ciências do Homem em geral, apresentando vários pontos de vista que poderiam ser o ponto de partida para esta análise. Estabelecendo-se um confronto de ideias entre eles, extraí-se o seguinte: **a educação é um processo social**. Ao abraçar essa ideia, conclui-se que para se entender os problemas da educação e buscar soluções temos que nos debruçar sobre os problemas sociais. A fim de desvendar os problemas que se relacionam à indisciplina das crianças e jovens de hoje, é necessário analisar os "porquês" de tantas controvérsias na sociedade em que vivemos.

Vivemos a sociedade da informação, do consumo, do descartável, do conhecimento, num mundo globalizado, num conflito velado entre nações, em virtude de regimes políticos e de diferentes interesses mercadológicos. Nesse tipo de sociedade mundial altamente competitiva, o que mais atinge a educação são questões do cotidiano das pessoas. Convém precisar algumas mudanças que ocorreram e vêm ocorrendo acerca da visão do homem moderno em relação ao seu modo de vida, tais como:

a) o conceito atual de Homem X Mundo, b) as transformações da sociedade moderna num mundo globalizado, c) a exigência do preparado intelectual do homem e a atual massificação do ensino, d) a necessidade de desenvolver a individualidade e a sociabilidade ao mesmo tempo, e) a atual Sociedade da Informação – Internet – e outros meios eletrônicos, censura e permissividade, f) os problemas econômicos das famílias – o trabalho da mulher fora de casa, entre outros. As Ciências do Homem tentam explicar esses problemas, porém, não conseguem uma resposta convincente.

Acreditando que a raiz dos problemas e questões da educação como um todo, assim como da educação escolar, estejam na base da sociedade moderna, e para investigar essa possibilidade, aprofundaremos o estudo sobre quatro conceitos que, de certa forma englobam os demais, ou seja: **crise, família, escola e democracia**.

Crise

Dizer-se que a educação é um direito é o reconhecimento formal e expresso de que a educação é um interesse público a ser promovido pela lei.

Anísio Teixeira

Crise, Família, Escola e Democracia fazem parte de um mesmo contexto quando tratamos de questões e problemas referentes ao desenvolvimento moral, ético e cognitivo de crianças e adolescentes nas sociedades modernas. A impressão que temos é que os problemas relativos à ética e ao conhecimento se agravaram a partir de meados do século XX, como consequência das grandes mudanças tecnológicas ocorridas após a 2ª Grande Guerra Mundial (1939–1945). Entretanto, num estudo mais apurado, percebemos que essas mudanças foram precedidas por outras que resultaram em movimentos de ordem moral e ética e ocorreram durante 20 séculos de história e, mais acirradamente, na Idade Moderna.

"A Revolução de Crowell na Inglaterra, Revolução Francesa, Declaração dos Direitos do Homem e do Cidadão, Instauração da Educação Pública, Secularização da Ordem Ética e da Moral, Revolução Industrial, romperam e mudaram o rumo da História da Civilização Ocidental. Pouco a pouco, foram afastados todos os determinismos religiosos, da tradição, das verdades absolutas".[1] Todos esses movimentos sociais marcaram decisivamente os Direitos do Homem, gerando mudanças de comportamento das crianças, jovens e adultos. Foram esses movi-

---

1 RODRIGUES, Neidson. *Perspectivas para a educação brasileria – As entranhas da modernidade*. Revista nº 16. Série Idéias. São Paulo – FDE-SEE. SP.

mentos que permitiram ao século XX concretizar os anseios dos indivíduos, mais precisamente, na segunda metade do séc. XX – na Idade Contemporânea.

As mudanças tecnológicas influenciaram de forma indelével a vida das pessoas, das empresas e dos países, pois romperam com os princípios de heteronomia até então vigentes. Se a falta de normas de conduta, a Anomia, não viabiliza a vida em sociedade, as normas oriundas de uma só pessoa ou um grupo legislador, a Heteronomia, também criam desajustes e, assim, o homem só se sente tranquilo quando as acata por vontade própria, estabelecendo para si uma conduta baseada na lei que reconhece e aceita, isto é, a Autonomia. O homem parte em busca de uma autonomia em relação a sua vida desde a mais tenra infância e na sociedade tradicional, na qual só se é permitido obedecer, estranha esse modo de agir.

O grande avanço da tecnologia do séc. XX, que transformou o modo de produção e as relações de trabalho, interferiu no dia-a-dia das pessoas e na sua filosofia de vida. A questão que se coloca é: qual a importância dessas mudanças no cotidiano das pessoas? Qual a profundidade dessas mudanças no seio das famílias? Qual o impacto dessas mudanças na educação? A resposta a essas questões nos obriga a pesquisar o tecido social das sociedades modernas e a tentar classificar alguns problemas que o atingem. Descoberta a raiz do problema, talvez venhamos a vislumbrar soluções. Entretanto, convém lembrar que a crise da educação não reflete um fenômeno exclusivamente brasileiro. A crise é mundial. Talvez num país de colonização europeia de pouco mais de quinhentos anos, com dimensões continentais como o Brasil, ela adquira uma dimensão bem maior. Neste particular, nos países com uma cultura milenar baseada na obediência e respeito, a crise na educação se revele um pouco mais tarde. Nos países emergentes a rebeldia se propaga velozmente, em virtude da baixa estima das populações em relação às suas perspectivas de vida comparadas a dos países ricos, de estabilidade econômica e cultura sedimentada.

O mundo hoje, devido a comunicação intensa, trouxe a visualização e percepção concreta das grandes diferenças entre paises pobres e ricos e, também, da interdependência entre eles. O "local" e o "global" se confundem na mídia, lugar onde as desigualdades são cada vez mais aparentes e se faz crescer a necessidade de diminuí-las. Para tanto, os países mais ricos tentam, através de ONGs (Organizações não-governamentais) atuar junto à miséria, no sentido de combatê-la. Entretanto, a exploração dos países mais pobres pelos mais ricos e a utilização de uma mão-de-obra quase escrava é também um dos sintomas da mundialização da economia, inviabilizando todo um trabalho no sentido de igualar as oportunidades e acesso à educação. Ao mesmo tempo, é próprio das sociedades capitalistas o estímulo ao consumo e à aquisição de bens. Este é um problema que exige muito mais planejamentos e políticas públicas do que soluções individuais.

Os governos dos países pobres precisam planejar o desenvolvimento humano, tecnológico e ético, a fim de poderem alcançar metas mais viáveis na área econômica, enquanto, aos poucos, países ricos e imperiosos administram melhor suas riquezas. Não se esquecendo que a interdependência é um fato, haja vista que a produção e muitas vezes a matéria-prima dos produtos manufaturados estão em locais de grande pobreza. Um simples desacordo diplomático poderá impedir o prosseguimento da sua produção. As crises mundiais com os países árabes fornecedores de petróleo são um exemplo disso.

Família

> *Transforma-se a família, transforma-se a vida econômica, transforma-se a vida industrial, transforma-se a igreja, transforma-se o estado, transformam-se todas as instituições, as mais rígidas e as mais sólidas – e de todas essas transformações chegam à escola um eco e uma exigência...*
>
> Anísio Teixeira

Para entender as transformações pelas quais a sociedade moderna passa, torna-se imperioso estudar a família, pois sendo ela a célula-mater da sociedade, reflete suas qualidades e defeitos e, por isso, talvez, possa nos trazer o fio da meada, tal qual Teseu, herói grego, o fez, e atravessaremos o labirinto no qual nos encontramos, neste momento. Estudar "a família, porque é nela onde se processa a socialização primária, se adquire a linguagem, os esquemas básicos de interpretação da realidade e os rudimentos do aparato legitimador. As características mais importantes da socialização primária são: a carga afetiva, como são transmitidos seus conteúdos e a identificação absoluta com o mundo, tal como os adultos o apresentam. A socialização secundária é da responsabilidade de outros grupos sociais, por exemplo, a escola e a igreja.

A igreja como defensora de preceitos morais alicerçada na doutrina religiosa e na questão da fé e, a escola com o duplo papel, ou seja, desenvolver a individualidade do educando e integrá-lo à sociedade para a qual se destina."[2]

Observando-se comportamentos, percebemos que a família modificou-se muito mais que a escola ou a igreja. Comparando-se uma família de hoje com as do início do séc. XX, notamos que na família estabeleceu-se a diferenciação, o respeito à diversidade e a ampliação dos direitos de escolha.

O desenvolvimento da psicologia e a divulgação das teorias sobre a natureza humana e seu desenvolvimento, propiciaram aos pais uma melhor compreensão sobre as diferentes fases pelas quais passam os filhos, em relação ao desenvolvimento social,

---

2 TEDESCO, Juan Carlo. *O novo pacto educativo*. São Paulo: Ed. Ática, 1995. p. 31

moral e intelectual, permitindo-lhes administrar, nem sempre com êxito, essas fases do desenvolvimento. As famílias constituídas por pais letrados preocupam-se em criar seus filhos dentro das modernas orientações da psicologia, tentando construir para eles uma personalidade livre de preconceito, solidária e consciente. Entretanto, a falta de preparo dos pais e, às vezes, a super-proteção, geram uma falha na educação, impossibilitando alcançar o desenvolvimento pleno do ser, a eles confiados.

Além da questão da educação dos filhos, a família de hoje se apresenta com uma problemática bem mais complexa que a de poucas décadas atrás. As Grandes Guerras, a separação (desquite ou divórcio), a perda precoce de um dos cônjuges, estabelecem parâmetros que antes não existiam em tão larga escala, como impeditivo para a composição normal das famílias e a educação dos filhos. Os problemas socioeconômicos de hoje são muito diferentes se compararmos as famílias de até a primeira metade do século XX com as de agora. Entre outras diferenças, hoje podemos nos deparar com famílias compostas de dois pais ou duas mães, aprovadas e reconhecidas pela justiça e até com filhos gerados *in vitro* ou gerados através de inseminações artificiais, impedidos de conhecerem suas legítimas raízes. Haveria grandes alterações no tratamento da educação dos filhos entre famílias diferentes?

Escola

> *É sobre a escola que o ceticismo assesta os seus tiros tão certeiros e eficazes. O brasileiro não acredita que a escola eduque. E não acredita porque a escola que possui até hoje efetivamente não educou.*
>
> Anísio Teixeira

A crise social globalizada e a família, com sua complexidade normal e até a composta fora dos padrões comuns, delegaram para a escola uma grande parte de sua responsabilidade, ou seja, a educação dos filhos.

A escola, desde o grande avanço tecnológico, perdeu sua capacidade socializadora por excelência e, passou a dividir esse papel com os meios de comunicação de massa. Esmaeceu-se a figura do professor como fonte de conhecimento e auxiliar direto da família na formação do caráter dos educandos.

Acentua-se desta maneira a crise da autoridade na sociedade moderna, visto que são postas em xeque as relações de "dominação" existentes entre pais e filhos e entre professores e alunos. Conceituadas como relação de dominação, essas relações vão abrindo espaço para uma interação amigável de respeito mútuo.

Estariam os pais e professores preparados para essa mudança de atitude, para esse novo papel?

Os filhos, como já dissemos, relegados muitas vezes aos cuidados da babá eletrônica, começaram a vislumbrar o mundo dos adultos na tenra idade. "A TV, a Internet e outros jogos eletrônicos, à primeira vista até inofensivos, anteciparam à criança os 'segredos da vida'". Segundo Neil Postman, em seu livro sobre o desaparecimento da infância, a televisão revelou e continua revelando esses segredos, particularmente os que se referem a três áreas: a) sexualidade; b) violência; c) capacidade de dirigir o mundo. Os segredos acerca da vida sexual, do dinheiro, da violência, da morte e das doenças eram mantidos e revelados de forma progressiva, à medida que a criança estivesse em condições de ter acesso a esse conhecimento. Os meios de comunicação derrubaram de vez a "sequencialização" e a "hierarquização" do conhecimento[3]. Independentemente da idade, todos têm acesso às notícias, à informação.

Esse amadurecimento precoce permite à criança e ao jovem de hoje exigir uma escola e ensino atualizados, uma vez que a família e a igreja não conseguem mais atender suas necessidades. Essa crise de valores está apontando para uma nova ordem social em virtude da quebra dos paradigmas até então existentes. Essa nova ordem social despreza as tradições e enaltece os novos valores que nos chegam através da televisão, rádio, jornais e demais meios de comunicação, mostrando um mundo novo a ser descoberto a cada dia. O desenvolvimento da tecnologia e a informática permitiram uma aceleração de mudanças que jamais havia sido percebida e vivida pelo homem. A explosão da comunicação interpessoal, intensa e extensa, influenciaram os jovens e os prepararam para o debate de ideias. Pais e educadores não representam mais a autoridade a ser obedecida, pois o jovem discute ordens recebidas, emite opiniões e pareceres, não levando em conta mais a obediência cega de outros tempos.

Ao acelerar o amadurecimento humano, esses meios de comunicação colaboraram de maneira irreversível e definitiva na percepção de um mundo novo, que se descortina ao jovem como belo e verdadeiro e que, muitas vezes, assusta pais e educadores que não participam dessa mesma visão, deste novo mundo desconhecido e impenetrável ao qual só o jovem tem acesso.

No século XXI talvez caiba aos mais jovens "educarem" seus pais e professores. Quem sabe esse mister revelará para as gerações adultas segredos de uma inovadora forma de educar, acompanhando as mudanças e aceitando o diferente, o criativo e até o antagônico? Talvez essa parceria que permite colocar pais, mestres e educandos num mesmo patamar, permitirá descobrir a "chave" que possibilitará adentrar a esse novo mundo e, então, equilibrar as forças atualmente tão tendenciosas.

Nesse clima de perplexidade a *dúvida* é o nosso norte. Como preparar nossas crianças e jovens para um futuro tão desconhecido e incerto? Em que sentido caminhar?

Além dos problemas já citados, o que também assusta pais e educadores de hoje é

---

3 TEDESCO, Juan Carlo. *O novo pacto educativo.* São Paulo: Ed. Ática, 1995. p.35-36

a velocidade do mundo moderno, onde a criança e o jovem reagem com tranquilidade, aceitando como normal a aceleração, enquanto que, muitos dos pais e educadores não conseguem acompanhar os avanços e fazer uso da tecnologia a contento.

Além desse aparato tecnológico que coloca filhos em vantagem em relação aos pais e professores, as gerações adultas que, segundo Dürkheim, deveriam estar preparados para educar, estão também necessitando completar seus estudos, pois a educação hoje prevê atualizações constantes. Pais e filhos necessitam de atualizações, e os professores?

Aos professores cabe o extremo esforço, no sentido de compreender as necessidades da sociedade para a qual está educando, compreender as necessidades dos pais, que estão pedindo ajuda, e compreender a si próprio no sentido de buscar conhecimentos a respeito de tudo e de todos. Diante da complexidade desse momento persiste ainda uma questão: quais os valores que devemos transmitir as crianças e jovens, que por si só já assistem ao mundo e suas incongruências, através da telinha da TV?

Democracia e a educação brasileira

Só haverá democracia, no Brasil, no dia em que aqui se montar a máquina que prepara as democracias, essa máquina é a escola pública.

Anísio Teixeira

"O ideal, a aspiração da democracia pressupõe um postulado fundamental ou básico, que liga indissoluvelmente educação e democracia. Esse postulado é o de que todos os homens são suficientemente educáveis, para conduzir a vida em sociedade, de forma a cada um e todos dela compartilharem como iguais, a despeito das diferenças das respectivas histórias pessoais e, das diferenças propriamente individuais. Tal postulado foi e é, antes de tudo, uma afirmação política. Não foi, de princípio, e não será ainda, talvez, uma afirmação científica... Funda-se uma observação comum, esta, conformada pela ciência, de que o homem é um animal extremamente educável, quiçá o mais educável ou o único verdadeiramente educável, podendo, assim, atingir níveis ainda não atingidos, o que basta para justificar a sua aspiração de organizar a vida de modo a todos poderem dela participar, como indivíduos autônomos e iguais"[4]

Os ideais da democracia, tal qual a conceituamos hoje, encontram-se na base

---
4 TEIXEIRA, Anísio. XII Conferência Nacional de Educação In Teixeira, Anísio. Educação e o Mundo Moderno, 2ª ed. São Paulo, Ed. Nacional, 1956.

das constituições democráticas. Ela, a democracia, segundo Norberto Bobbio, autor da obra *A Era dos Direitos*, é a sociedade dos cidadãos.

As pessoas se tornam cidadãs quando o governo de seus países reconhecem alguns direitos fundamentais. Historicamente este reconhecimento iniciou-se em 26 de agosto de 1789 na Declaração dos Direitos do Homem e do Cidadão. Essa declaração precedeu a aprovação da Constituição proclamada após a Revolução Francesa. Na base Georg Jellinek, os *Bill of Rights* de algumas colônias norte-americanas influenciaram a Declaração dos Direitos do Homem, que é hoje para todo o ocidente, os princípios aos quais todos os países tentam se adequar e seguir.

"Direitos do Homem, Democracia e Paz são três momentos necessários do mesmo movimento histórico."[5]

Nos direitos proclamados destacam-se a liberdade, a igualdade, a fraternidade e o reconhecimento da independência dos povos e sua soberania. Ainda segundo Bobbio, os direitos do homem derivam de uma radical inversão de perspectiva, característica das formas de Estado moderno, na representação da relação política, ou seja, na relação Estado/cidadão ou soberano/súditos.

Do ponto de vista teórico, coexistem os direitos naturais, ou fundamentais, também chamados de 1ª geração (caracterizados por lutas em defesa de novas liberdades contra velhos poderes); os sociais, de 2ª geração; os de 3ª geração, que dão ao homem o direito de viver num ambiente não poluído e os de 4ª geração, referentes aos efeitos traumáticos da pesquisa biológica, que permitirá manipulações do patrimônio genético de cada indivíduo. Uma coisa, porém, é proclamar o direito e outra é desfrutá-lo; portanto, é preciso sempre estar atento aos mandos ou desmandos dos governos dos países, para perceber quais os atos que ferem esses direitos.

Um dos direitos sociais apontados por Bobbio é o da educação.

No Brasil, a responsabilidade da educação pertence à sociedade brasileira, ao Estado e à Família. Infelizmente, apesar dos esforços de alguns setores da sociedade civil e até do Governo Federal e dos Governos Estaduais e Municipais, estamos longe de poder dizer com orgulho que a educação escolar no Brasil é uma educação de qualidade. Os baixos níveis de desempenho demonstrados em avaliações oficiais atestam que a nossa escola ainda está longe, muito longe de cumprir seu papel. Estamos defasados nas ciências exatas, humanas e sociais. A formação de professores é ineficiente. No Brasil há alguns pólos de excelência na formação de professores e algumas Universidades tão boas quanto as melhores do mundo, porém, poucas.

O Brasil, país de imenso território, ainda enfrenta problemas de analfabetismo, profissionalização precária, as famílias não cumprem seu papel e as crianças e jovens ficam a mercê de uma educação dada pela escola, também precária.

Alguns princípios, verdadeiros condutores de uma verdadeira revolução educa-

---

5   BOBBIO, Norberto. A Era dos Direitos, 14ª ed., Rio de Janeiro: Campus,1992.

cional, já foram defendidos por grandes educadores no século XX. O Manifesto dos Pioneiros da Escola Nova, já previam a laicidade, a gratuidade, a obrigatoriedade e a coeducação, ideias avançadas e inovadoras. Os Planos de Educação do Período Republicano tentaram avançar esse processo democrático. As Leis sempre defenderam minimamente os Direitos do Cidadão, entretanto na prática não surtiram resultados. Isto significa que, apesar dos esforços e da legalidade das ações, o Brasil terá uma grande distância a percorrer para se igualar às nações mais avançadas.

No início deste século XXI, o Brasil coloca a educação e saúde como prioridades em todos os objetivos e metas dos governos. Temos uma Constituição moderna e precisamos colocá-la em prática.

A Constituição Federal do Brasil, datada de 05 de outubro de 1988, no art. 205 diz: " A educação, direito de todos e dever do Estado e da família, será promovida e incentivada com a colaboração da sociedade, visando ao pleno desenvolvimento da pessoa, seu preparo para o exercício da cidadania e sua qualificação para o trabalho."

A Lei de Diretrizes e Bases da Educação Nacional nº 9 394/96, datada de 20 de dezembro de 1996 propõe: "Art. 2º – A educação, dever da família e do Estado, inspirada nos princípios de liberdade e nos ideais de solidariedade humana, tem por finalidade o pleno desenvolvimento do educando, seu preparo para o exercício da cidadania e qualificação para o trabalho".

Os princípios do art. 3 (LDBEN) prescrevem: a) igualdade de condições para o acesso a permanência na escola, b) liberdade de aprender, ensinar, pesquisar e divulgar cultura, o pensamento, a arte e o saber, c) pluralismo de ideias, d) respeito a liberdade e tolerância, e) gratuidade, f) valorização do profissional da educação escolar, g) gestão democrática do ensino público h) garantia de padrão de qualidade, i) valorização da experiência extraescolar, j) vinculação entre educação escolar, o trabalho e as práticas sociais.

Nossas leis nos amparam no sentido de uma educação plena adequada ao século XXI, somos capazes de enfrentar qualquer adversidade ou necessidade e adequar essa educação necessária. Mas, tem a escola conseguido seu intento? Estarão, Estado e família, preparados para essa tarefa?

Pais, educadores, sociedade em geral necessitam repensar a sociedade como um todo, repensar a educação das gerações vindouras e reorientar ações. Pais e educadores deverão adequar-se às novas demandas sociais e juntos, família e escola, deverão procurar desenvolver um projeto educacional que assegure à escola do futuro um caráter universal.

Por enquanto, neste clima de incertezas, num país em desenvolvimento, com inúmeras necessidades, é difícil estabelecer prioridades. A única necessidade inegável é a de mudança e por enquanto a única certeza é a de que precisamos mudar.

Entendendo as novas necessidades da educação nos perguntamos: em que sentido caminhar?

Referências bibliográficas

BOBBIO, Norberto. *A era dos Direitos*. 14ª ed., Rio de Janeiro: Ed. Campus, 1992.

DELORS, Jacques. *Educação um tesouro a descobrir*. São Paulo: Cortez, 2000.

IMBERNÓN, F. (Org.) *A educação no séc. XXI - os desafios do futuro imediato*. Porto Alegre: Artmed, 2000.

RODRIGUES, Neidson. *Perspectivas Para a Educação Brasileira: As Entranhas da Modernidade*. Revista Nº16 Série Idéias São Paulo: FDE – S.E.E.-SP, 1993.

TEDESCO, Juan Carlos. *O novo pacto educacional*. São Paulo: Ática, 1995.

TEIXEIRA, Anísio. *Educação para a Democracia*. Rio de Janeiro: UFRJ, 1997.

CONSTITUIÇÃO FEDERAL DO BRASIL

LEI DE DIRETRIZES E BASES DA EDUCAÇÃO NACIONAL

SOBRE OS AUTORES

Irene Scótolo

Mestre em Letras pelo Programa de Estudos Linguísticos e Literários de Inglês da Universidade de São Paulo – USP

Docente de Linguística Aplicada e Metodologia Científica em cursos de Pós-Graduação.

Docente nos cursos de graduação do Centro Universitário Fundação Santo André – CUFSA.

Ana Paula Saab de Brito

Jornalista e Mestre em Comunicação Social pela Universidade Paulista – UNIP. Docente do Unisalesiano – Araçatuba.

Barbara Heller

Mestre em Ciências da Comunicação na Escola de Comunicação e Artes na Universidade de São Paulo – ECA – USP.

Doutora em Teoria Literária no Instituto dos Estudos da Linguagem da Universidade Estadual de Campinas – IEL - Unicamp.

Docente nos cursos de graduação no Centro Universitário Fundação Santo André – CUFSA.

Docente nos cursos de graduação e do Mestrado em Comunicação na Universidade Paulista – Unip.

José Marinho do Nascimento

Doutor em Letras pela Universidade de São Paulo. Mestre em Comunicação e Letras pela Universidade Presbiteriana Mackenzie.

Docente do Centro Universitário Fundação Santo André e da Fefisa – Faculdades Integradas de Santo André.

Juarez Donizete Ambires

Doutor em Literatura Brasileira pela Universidade de São Paulo – USP.

Docente de Língua e Literaturas Portuguesas nos cursos de graduação do Centro Universitário Fundação Santo André – CUFSA.

Clarice Assalim

Doutora em Filologia e Língua Portuguesa pela Universidade de São Paulo – USP.

Docente nos cursos de graduação do Centro Universitário Fundação Santo André – CUFSA, e da Universidade Bandeirante – Uniban.

Diva Valente Rebelo

Mestrado e doutorado em Literatura Francesa pela Université Aix-Marseille, França.

Doutorado em Literatura Francesa pela Universidade de São Paulo – USP.

Docente de Língua e Literatura Francesa nos cursos de Graduação do Centro Universitário Fundação Santo André – CUFSA.

Luzia Machado Ribeiro de Noronha

Doutora em Comunicação e Semiótica pela Pontifícia Universidade Católica de São Paulo – PUC/SP

Docente de Língua Portuguesa e Comunicação e Expressão no Centro Universitário Fundação Santo André – CUFSA.

Kátia Aparecida Cruzes

Graduada em Letras Português/Inglês pela Fundação Santo André e em Latim/Italiano pela Universidade de São Paulo – USP.

Mestre em Literatura Latina e Doutora em Literatura Portuguesa pela Universidade de São Paulo – USP.

Docente nos cursos de graduação do Centro Universitário Fundação Santo André – CUFSA.

Vice-diretora da Faculdade de Filosofia, Ciências e Letras do Centro Universitário Fundação Santo André e Docente nos cursos de graduação da Universidade Metodista de São Paulo.

Noemia Rodrigues de Rezende

Mestra em Educação, Arte e História da Cultura pela Universidade Presbiteriana Mackenzie.

Docente Titular de Didática Geral da FAFIL – FSA. Professora aposentada no cargo de Supervisor de Ensino da SEE – SP.